KB220882

만공 선사 법훈

(滿空禪師 法訓)

서 문

이 『만공 선사 법훈』은 근세의 선지식이었던 만공 선사 (1872~1946)의 법문으로 그 내용이 길지는 않지만 촌철살인의 선지(禪旨)로 불가(佛家)에서 특히 선가(禪家)에서는 널리 읽히고 있는 글입니다. 함께 엮은 글은 무문 혜개(無門 慧開, 1183~1260)선사의 『무문관(無門關)』입니다.

48칙 내용만을 싣고 다른 서문(序文)이나 후문(後文)은 싣지 않았습니다. 서문에 나오는 무문(無門)의 자서(自序)로 소개를 대신하겠습니다.

대도무문(大道無門): 대도는 무문이나

천차유로(千差有路): 천 갈래 길이 있고,

투득차관(透得此關): 이 관을 투득하면

건곤독보(乾坤獨步): 건곤에 독보하리라.

엮은이 합장

만공선사(滿空禪師 1872년 ~ 1946년) :

만공스님은 약 80년 전 선지식(도인)이시다.

불교는 자아를 완성하는 길이며 완벽한 철학이다.

● 1. 나를 찾아야 할 필요와 나 ●

1. 사람이 만물 가운데 가장 귀하다는 뜻은 '나'를 찾아 얻는 데 있나니라.

2. '나'라는 의의가 절대자유(絶對自由)로운 데 있는 것으로 모든 것은 내 마음대로 자재(自在)할 수 있어야 할 것임에도 불구하고 우리 인간은 어느 때, 어느 곳에도 자유가 없고, 무엇 하나 임의(任意)로 되지 않는 것은 망아(妄我)가 주인이 되고 진아(眞我)가 종이 되어 살아 나가는 까닭이니라.

3. 망아는 진아의 소생(所生)인데 현재 우리가 쓰고 있는 마음은 곧 사심(邪心)이요, 진아는 정심(正心)으로 시종(始終)도 없고, 존망(存亡)도 없고, 형상(形象)도 없지마는 오히려 조금도 부족함이 없는 '나'이니라.

4. 사람이 나를 잊어버린 바에야 육축(六畜)[1]으로 동류(同類)되는 인간이라 아니 할 수 없나니, 짐승이 본능적으로 식색(食色)[2]에만 팔려서 허둥거리는 것이나, 제 진면목(眞面目)이 무엇인지도 모르고 현실에만 끌려서 헤매는 것이나, 무엇이 다를 것인가? 세상에서 아무리 위대하다는 인물이라고 하더라도 자기면목(自己面目)을 모른다면 사생육취(四生六趣)[3]에

---

1) 집에서 기르는 대표적인 여섯 가축. 소, 말, 돼지, 양, 닭, 개
2) 식욕(食慾)과 색욕(色慾)
3) 사생은 생물이 생겨나는 네 가지 형식으로 태생(胎生), 난생(卵生), 습생(濕生), 화생(化生)이고, 육취는 중생이 업인(業因)에 따라가게 되는 지옥·아귀·축생·아수라·인간·천상의 여섯 곳.

윤회하는 한 분자(分子)에 지나지 아니하나니라.

5. 동업중생(同業衆生)이 사는 이 사바세계(娑婆世界)에는 너와 내가 다 같은 생활을 하기 때문에 사람 사는 것이 그저 그렇거니 하고 무심히 살며, 자기들 앞에 가로 놓인 무서운 일을 예측하지 못하고 그럭저럭 살다가 죽음에 닥치면 앞길이 망망하게 되나니라.

6. '나' 라고 하는 것은 '아무개야!' 하고 부르면 '네' 하고 대답하는 바로 그것인데, 그것은 생사도 없고, 불에 타거나, 물에 젖거나, 칼에 상하는 것이 아니어서 일체 얽매임을 떠난 독립적인 '나' 이다.

7. 인생은 말꼬리에 매달려 울며 뒹굴려 가는 죄수처럼 업(業)의 사슬에 끌려 생로병사의 고(苦)의 길을 영겁(永劫)으로 순력(巡歷)하고 있는데, 그 쇠사슬은 자기의 지혜 칼이라야 능히 끊어 버릴 수 있게 되나니라.

8. 사회에서 뛰어난 학식과 인격으로 존경받는 아무러한 사람이라도 이 일[4]을 알지 못하면 기실 사람의 정신은 잃어버린 인간이니라.

9. 석가세존(釋迦世尊)이 탄생시 산석(産席)에서 한 손으로 하늘을 가리키고 또 한 손으로 땅을 가리키며 "천상천하(天上天下) 유아독존(唯我獨尊)" 이라 하신 그 '아(我)'도 나를 가리킨

---

[4] 나를 찾는 일

것이니라.

10. 각자가 다 부처[5]가 될 성품은 지니었지만, 내가 나를 알지 못하기 때문에 부처를 이루지 못하나니라.

11. 일체가 다 '나'이기 때문에 극히 작은 하나의 털끝만한 정력이라도 이 '나'를 찾는 이외의 어떤 다른 것에 소모하는 것은 나의 손실이니라.

12. 누구든지 육신(肉身), 업신(業身), 법신(法身) 세 몸을 지녔는데, 세 몸이 일체가 되어 하나로 쓰는 때라야 올바른 사람이 되는 것이니라.

13. 일체 행동은 법신이 하는 것이나, 육신과 업신을 떠난 법신이 아닌 까닭에 현상(現像) 그대로가 곧 생사 없는 법신의 자리이니라.

14. 생사 없는 그 자리는 유정물(有情物)이나 무정물(無情物)이 다 지녔기 때문에 한 가닥 풀의 정(情)이라도 전 우주의 무장(武裝)으로도 해체(解體)시킬 수 없나니라.

15. 세상에는 나를 알아보느니 찾아보느니 하는 말과 문구(文句)는 있으나, 업식(業識)으로 아는 나를 생각할 뿐이요, 정말 나는 어떤 것인지 상상조차 하지 못하나니라.

---

5) 부처 = 나

16. 나는 무한극수적(無限極數的) 수명(壽命)을 가진 것으로, 죽을래야 죽을 수 없는 금강불괴신(金剛不壞身)[6]이라 이 육체의 생사는 나의 옷을 바꾸어 입는 것일 뿐, 인간이라면 자신이 소유한 생사의 옷쯤은 자유자재로 벗고 입을 줄 알아야 되나니라.

17. 보고 들어서 얻는 지식으로서는 얻을 수 없는 것이니라. '나'라는 생각만 해도 그것은 벌써 내가 아니니라.

18. 나는 무념처(無念處)[7]에서 찾을 수 있는 것이니, 그것은 무념처에 일체유(一切有)가 갖추어져 있기 때문이다.

19. 부처를 대상으로 하여 구경(究竟)[8]에 이르면 내가 곧 부처인 것이 발견되나니, 결국 내가 나 안에서 나를 발견해야 하나니라.

---

6) 금강과 같이 견고하여 괴멸되지 않는 몸. 곧 불신(佛身).
7) 무아(無我)의 경지에 이르러 아무 생각이 없는 곳.
8) 사리(事理)의 마지막.

● 2. 나를 찾는 법 — 참선법 ●

1. 세상에는 나를 찾는 법을 가르쳐 주는 선생도 없고, 장소도 없고, 다만 불교 안에 있는 선방(禪房)에서만 나를 찾는 유일한 정로(正路)를 가르쳐 주나니라.

2. 수도(修道: 參禪)한다는 것은 각자가 자기 정신을 수습해 가는 그 공부를 한다는 말인데, 누구에게나 다 시급한 일이 아닐 수 없나니라.

3. 세상의 학문은 단지 그 몸의 망상에서 일시의 이용으로 끝나고 말지만, 참선학(參禪學)은 세세생생(世世生生)에 어떤 때, 어떤 곳, 어떤 몸으로, 어떤 생활을 하든지 구애됨이 없이 활용되는 학문이니라.

4. 선방만 선방이 아니라 참선하는 사람은 각각 자기 육체가 곧 선방이라. 선방에 상주(常住)하는 것이 행주좌와(行住坐臥) 어묵동정(語默動靜)에 간단(間斷)없이 정진할 수 있나니라.

5. 참선은 절대로 혼자는 하지 못하는 것이니, 반드시 선지식(善知識)을 여의지 말아야 하나니, 선지식은 인생 문제를 비롯하여 일체 문제에 걸림이 없이 바르게 가르쳐 주나니라.

6. 선지식을 만나 법문 한마디 얻어 듣기란 천만겁에 만나기 어려운 일이니, 법문 한 마디를 옳게 알아듣는다면 참선할 것이 없이 곧 나를 깨달을 수 있나니라.

7. 법문 들을 때는 엷은 얼음 밟듯 정신을 모아 간절한 마음으로 들어야 하나니라.

8. 선지식은 선생이니 박사니 하는 막연한 이름뿐이 아니라, 일체 이치에 요달(了達)된 사람으로 불조(佛祖)의 혜명(慧命)을 상속(相續)받은 분이니라.

9. 이(理)와 사(事)는 같은 원(圓)이라, 어느 각도에서 출발하든지 쉬지 않고 걸어가면 그 목적이 이루어질 수 있기는 하지만, 나를 발견 [자각(自覺)]하기까지는 선지식의 가르침이 없이는 될 수 없나니라.

10. 선지식의 법문을 듣고도 흘려버리고 하여, 신행(信行)이 없으면 법문을 다시 듣지 못하는 과보(果報)를 얻나니라.

11. 선지식을 믿는 그 정도에 따라 자신의 공부가 성취되나니라.

12. 장맛이 짠 줄을 아는 사람은 다 공부할 수 있나니라.

13. 공부가 잘 되지 않는 것은 전생(前生)에 놀고 지낸 탓이니, 그 빚을 어서 갚아야 수입이 있게 되나니라.

14. 남음 없는 신심(信心)만 있으면 도의 기반은 이미 튼튼해진 것이니라.

15. 신심(信心), 분심(憤心), 의심(疑心) 세 마음을 합하여야 공부를 성취할 수 있나니라.

16. 신심만 철저하면 나의 정기(定氣)에 대상을 곧 정당화시켜서 자율적 성취가 있게 되나니라.

17. 법문을 듣고도 신심이 동(動)하지 않는 인간이라면 내세(來世)에는 다시 인간의 몸을 받기가 어려우니라.

18. 공부하는 사람이 제일 주의해야 할 것은 먼저 나를 가르쳐 줄 선지식을 택하여야 하고, 나를 완성한 후에 남을 지도할 생각을 해야하나니라.

19. 명안종사(明眼宗師)의 인가(印可)도 없이 자칭 선지식으로 남을 가르치는 죄가 가장 크니라.

20. 이 법은 언어가 끊어지고 심행처(心行處)가 멸한 곳(언어도단 심행처멸: 언어의 길이 끊기고 마음 작용이 멈춤)에서 발견되는 도리라, 다만 마음과 마음이 서로 응답(應答)하여 상속하는 법으로, 선지식의 직접 가르침이 아니면 배울 수 없는 도리니라.

21. 공부는 발심(發心: 보리심을 일으킴) 본위라 별로 제한 받을 것은 없으나, 학령(學齡)으로는 이십(二十)세로부터 삼십(三十)세 까지가 적령(適齡)이니라.

22. 참선법은 평범한 연구나 공부가 아니요, (상)대(對)가 끊어진 참구법(參究法) 곧 터럭 하나 얼씬거리지 못하는 경지에 이르러야 하나니라.

23. 백년의 연구가 일분간의 무념처(無念處)에서 얻은 한낱 이것만 같지 못하다.

24. 일체 중생은 날 때부터 이성(異性)의 감응(感應)으로 말미암아 세세생생에 익히는 것이 음양(陰陽)법이니, 정신을 모으는데 있어, 이성적(異性的) 장애가 제일 힘이 센 것이니, 공부하는 사람은 이성(異性)을 가장 멀리 해야 하나니라.

25. 일체 생각을 쉬고 일념(一念)에 들되, 일념이라는 생각조차 잊어버린 무념처에서 한 걸음 더 나아가야 나를 발견하나니라.

26. 소아(小兒)적 나는 소멸되어야 하기 때문에 공부의 성취를 하기 전에는 썩은 그루터기같이 되어 추호도 돌아보지 않을 만큼 나의 존재를 없애야 하나니라.

27. 나를 완성시키는 데는 삼(三)대 조건이 구비되어야 하는데, 그것은 도량(道場), 도사(道師), 도반(道伴)이니라.

28. 도를 지키는 사람은 도절(道節)을 지켜야 하는 것이니, 도는 하나이다. 도를 가르치는 방법은 조금씩 다르기 때문에 도절을 지키지 않으면 정신적으로 시간적으로 손실을 보게 되

느니라.

29. 짚신 한 켤레를 삼는 데도 선생이 있고, 이름 있는 버섯 한 송이도 나는 땅이 있는데, 일체 만물을 총섭(總攝)하는 도를 알려는 사람이 도인의 가르침 없이 어찌 도인이 될 수 있으며, 천하정기(天下正氣)를 다 모아 차지한 도인이 나는 땅이 어찌 특별히 있지 않을 것인가. 그리고 도반(道伴)의 감화력은 선생의 가르침보다도 강한 것이니라.

30. 참선을 하여 인생 문제만 해결되면 억생(億生) 억겁(億劫)에 지은 갖은 악, 갖은 죄가 다 소멸되나니, 그 때는 사생육취(四生六趣)에 헤메는 고생을 다시는 받지 않게 되나니라.

31. 수도(修道) 중에는 사람 노릇할 것은 아주 단념해 버리고 귀먹고 눈먼 병신이 되어, 일체 다른 일에 간섭이 없게 되면 대아(大我)는 저절로 이루어지나니라.

32. 참선법은 상래(上來)로 있는 것이지만, 중간에 선지식들이 화두(話頭)드는 법으로 참선하는 법을 가르치기 시작하여 그 후로 무수(無數) 도인(道人)이 출현하였나니, 화두는 천칠백(千七百) 공안(公案)[9]이나 있는데, 내가 처음 들던 화두는 곧 "만법귀일(萬法歸一) 일귀하처(一歸何處) : 모든 것은 하나로 돌아가는데 그 하나는 어디로 돌아가는가?"를 의심하였는데, 이 화두는 이중적 의심이라 처음 배우는 사람은 '만법은 하나로

---

9) 선(禪)에서 도를 깨치기 위하여 참구하는 화두(話頭). 한 사람의 사안(私案)이 아니고 조사(祖師)들의 정안결택(正眼決擇).

돌아갔다고 하니, 그 하나는 무엇인고?'하고 의심하여 가되 의심한다는 생각까지 끊어진 적적(寂寂)하고 성성(惺惺)한 무념처에 들어가야 나를 볼 수 있게 되나니라.

33. 하나라는 것은 있는 것도 아니요, 없는 것도 아니요, 이 정신도 영혼도 아니요, 마음도 아니니, 하나라는 것은 과연 무엇인고? 의심을 지어 가되 고양이가 쥐를 노릴 때에 일념에 들 듯, 물이 흘러갈 때에 간단(間斷)이 없듯, 의심을 간절히 하여 가면 반드시 하나를 알게 되나니라.

34. 참선한다고 하면서 조금이라도 다른 데 미련이 남아 있거나, 인간으로서의 자랑거리인 학문이나, 기이한 재주 등 무엇이라도 남은 미련이 있다면 참선하기는 어려운 사람인 것이니, 아주 백지로 돌아가야 하나니라.

35. 크게 나의 구속(拘束)에 단련을 치른다면 그 대가로 큰 나의 자유를 얻게 되나니라.

36. 예전에는 선지식의 일언지하(一言之下)에 돈망(頓忘)생사(生死)하는 이도 있고, 늦어야 삼(三)일, 칠(七)일에 견성(見性)[10]한 이도 많다는데, 지금 사람들은 근기(根機)도 빈약하지만 참선을 부업(副業)으로 해 가기 때문에 이십(二十)년, 삼십년 공부한 사람이 불법(佛法)의 대의(大義)를 모르는 이가 거의 전부니라.

---

10) 모든 망혹(妄惑)을 버리고 자기의 심성(心性)을 사무쳐 알고, 모든 법의 실상인 당체(當體)와 일치하는 정각(正覺)을 이룸.

37. 밥을 자기가 먹어야 배가 부른 것과 같이, 참선도 제가 하지 않으면 부처님도 선지식도 제도해 주지 못하나니라.

38. 참선하려면 먼저 육국(六國)[11] 전란(戰亂)을 평정시켜 마음이 안정되어야 비로서 공부할 준비가 된 것이니라.

39. 가장 자유롭고 제일 간편한 공부이기 때문에 이 공부를 할 줄 아는 사람은 염라국(閻羅國) 차사(差使)의 눈도 피할 수 있나니라.

40. 한 생각이 일어날 때 일체가 생기고, 한 생각이 멸할 때 일체가 멸하나니라. 내 한 생각의 기멸(起滅)이 곧 우주의 건괴(建壞)요 인생의 생사니라.

41. 말이 입에서 나오기 전에 그르쳤다 함은 물질 이전의 마음을 지적한 것이니라.

42. 공부가 잘 된다고 느낄 때 공부와는 벌써 어긋난 것이니라.

43. 꿈 속에서 공부해 가는 것을 증험(證驗)하여 선생으로 삼을 것이니라.

44. 꿈도 없고 생사도 없이 잠이 푹 들었을 때에 안심입명처(安心立命處)를 어디에 두는지 알아야 하나니라.

---

11) 眼耳鼻舌身意; 눈, 귀, 코, 혀, 몸, 뜻

45. 꿈이라 하는 것은 업신(業身)¹²⁾의 동작인데, 깨어 있을 때는 생각만으로 헤매다가 잘 때 업신이 제 몸을 나투어 가지고 육신이 하던 행동을 짓는 것이니라.

46. 꿈과 생시[몽각(夢覺)]¹³⁾가 일여(一如)하게 공부를 해 나아갈 수 있어야 하나니라.

47. 산 몸이 불에 탈 때에도 정상적 정신을 가질 수 있겠나? 헤아려서 미치지 못한다면 사선(死線)을 넘을 때 자기 전로(前路)가 막막하게 될 것을 알아야 하느니라.

48. 공부인(工夫人)이 공부를 아니하는 공부를 하여야 하는데, 공부 아니하기가 하기보다 더욱 어려우니라.

49. 공부를 잘하고 못하는 문제보다도 이 공부밖에 할 일이 없다는 결정적 신심(信心)부터 세워야 하나니라.

50. 깨닫기전(悟前)이나 깨달은후(오후, 悟後)나 한 번씩 죽을 고비를 넘겨야 하나니라.

51. 참선은 모든 업장(業障)¹⁴⁾과 습기(習氣)를 녹이는 도가니(옹, 甕)니라.

52. 사람을 대할 때에는 자비심(慈悲心)으로 대하여야 하지만,

---

12) 영혼
13) 꿈과 생시
14) 전생에 지은 허물로 인하여 이승에서 받는 마장(魔障).

공부를 위하여서는 극악(極惡)극독(劇毒)심이 아니면 팔만사천(八萬四千) 번뇌마(煩惱魔)[15]를 쳐부수지 못하나니라.

53. 사형이 집행될 시간 직전에도 오히려 여념(餘念)이 있을지 모르지만, 정진(精進)중에는 털끝만한 어른거림이라도 섞여서는 아니 되나니라.

54. 공부하는 데는 망상보다도 수마(睡魔)가 두려운 것이니, 수마를 먼저 조복(調伏)시켜야 하나니라.

55. 인신(人身)을 얻기가 극히 어려운 일이니 사람 몸 가졌을 이 때를 놓치지 말고 공부에 힘쓰라. 사람 몸 한번 놓치게 되면 또 다시 만나기 어려울 것이니라.

56. 공부에 득력(得力)을 못하였을 때 안광낙지(眼光落地)하게 되면 인업(人業)만 남아 짐승도 미남미녀로 보여서 그 뱃속에 들기 쉬우니라.

57. 참선하는 사람의 시간은 지극히 귀중한 것이라, 촌음(寸陰)을 허비하지 말아야 하느니라.

58. 변소에 앉아 있는 동안처럼 자유롭고 한가한 시간이 없나니, 그 때만이라도 일념에 든다면 견성(見性)할 수 있나니라.

---

15) 사마(四魔)의 하나: 노여움(진에瞋恚), 지나친 욕심(탐욕貪慾), 어리석고 못남(우치愚癡), 번뇌(煩惱) 등 사마(四魔)가 사람을 괴롭히고 어지럽게 하여 불도 수행에 방해가 됨.

59. 공부가 늦어지는 까닭은 시간 여유가 있거니 하고 항상 미루는 마음이 있기 때문이니라. 자고 나면 오늘도 죽지 않고 살았으니, 살아있는 오늘에 공부를 마쳐야 하지 내일을 어찌 믿으랴! 하고 매일매일 스스로 격려해 가야 하나니라.

60. 밤 자리에 누울 때 하루 동안의 공부를 점검하여 망상과 졸음으로 정진 시간보다 많이 하였거든 다시 큰 용기를 내어 정진하되, 매일매일 한결같이 할 것이니라.

61. 공부하다가 졸리거나 망상이 나거든 생사 대사(大事)에 자유롭지 못한 자신의 전정(前程)을 다시 살펴본다면 정신이 저절로 새로워 질 것이니라.

62. 사선을 넘을 때 털끝만큼이라도 사심(私心)의 여유가 있다면 참선하는 기억조차 사라져 없어지느니라.

63. 생사윤회의 생활을 면하려고 출가하여 스님이 되었으니 참선법을 여의고 하는 일은 모두가 생사법(生死法)을 익히는 것이니라.

64. 도(道)라는 것이 따로 있는 줄 알고 구하는 마음으로 참선한다면 외도(外道)에 떨어지게 되나니라.

65. 설사 도인이 온갖 신통변화를 부리고 죽을 때에도 불가사의(不可思議)한 이적(異蹟)을 보일지라도 이는 상법(相法)이니, 이런 상법이란 하나도 가히 취할 바는 아니니라.

66. 믿음은 부처를 찾아 오르는 발판이기 때문에 몰아(沒我)적 믿음의 발판을 딛고 부처를 넘어 각자의 자기 정체(正體)를 찾아야 하나니라.

67. 선학자(禪學者)는 선학자의 행위를 엄숙히 가져서 입을 열지 않고서라도 남을 가르치게 되어야 하나니라.

68. 공부의 과정(課程)에는 지무생사(知無生死)[16], 계무생사(契無生死)[17], 체무생사(體無生死)[18], 용무생사(用無生死)[19]의 네 가지 단계가 있는데, 용무생사에 이르러야 비로소 이무애(理無碍)[20] 사무애(事無碍)[21] 하게 되는 대자유인(大自由人)이 되나니라.

69. 공부할 때에 짐짓 알려는 생각을 말고, 정진력만 얻으면 공부는 저절로 성취되나니라.

70. 공부가 완성되기 전에 미리 알았다는 생각을 가지고 게을리 하다가는 불법인연(佛法因緣)마저 떨어지기 쉬우니라.

71. 물체에 의존하지 아니하는 정신은 한 모양도 없는 자리에서 일체 행동으로 능히 현실화할 수 있나니라.

---

16) 지무생사; 생사없음을 아는 것.
17) 계무생사; 생사 없는 경지에 계합하는 것.
18) 체무생사; 생사 없는 경지를 체달함.
19) 용무생사; 생사 없는 경지를 내 마음대로 수용(需用)하는 것.
20) 이치(理致)에 걸림이 없는 지무생사, 계무생사의 경지.
21) 사물(事物)에 걸림이 없는 체무생사, 용무생사의 경지.

72. 정신은 물질의 창조자이지만, 물질이 아니면 정신의 존재와 효과가 나타나지 못하나니라.

73. 물질은 각자 그 이름에 따르는 한 가지 책임을 할 뿐인데, 정신은 이름도 형상도 없지만 만유(萬有)의 근본(바탕)이라, 어디서 무슨 일에나 절대 능력자이니, 이 정신은 누구나 다 가지고 있다. 이 정신만 도로 찾으면 만능(萬能)의 인(人)이 되나니라.

74. 정신이라는 전당(殿堂) 안에는 생사와 선악이라는 두 배우가 순번(順番)으로 삼라만상(森羅萬象)이란 배경 앞에서 희비극을 무한한 형태(形態)로 연출하고 있나니라.

75. 아무리 문명이 발달한 나라라 하더라도 도인이 없으면 빈 나라요, 아무리 빈약한 나라라 하더라도 도인이 한 사람이라도 있으면 그 나라는 비지 않은 나라이니라.

76. 도인(道人)은 도인이라는 대명사(代名詞)에 지나지 않는 도인이 되어서는 안된다. 명상(名相)이 생기기 이전 소식을 증득(證得)하여, 도인이라는 우상(偶像)도 여의고, 계(戒)니 수행(修行)이니 하는 구속에서 벗어나 완전 독립적 인간이 되어야 육도에 순력(巡歷)하면서 고(苦)를 면하게 되나니라.

● 3. 현세 인생(現世 人生)에 대하여 ●

1. 인간의 일생은 짧은 한 막의 연극에 지나지 않는데, 이 연극의 한 장면이 종막이 되면 희노애락(喜怒哀樂)을 연출하던 그 의식은 그만 자취없이 사라져 버리고 육체는 부글부글 썩어 버리니, 이 얼마나 허망한 일인가? 이 허망하기 짝이 없는 그 동안인들 일(一)분의 자유가 있었던가? 밥을 먹다가도 불의(不意)의 죽음이 닥치면 씹던 밥도 못 삼키고 죽어야 하고, 집을 아무리 많은 돈을 들여 찬란하게 짓다가도 느닷없이 화재(火災)라도 만나면 방 안에 한 번 앉아 보지도 못하고 허망하게 되지 않는가? 직접 내 자신의 일에도 이렇게 늘 자유를 잃어버리는데 인생의 집단인 사회와 국가를 세운다는 일이 얼마나 서글픈 일인가? 자유의 바탕을 얻어야 근본적 자유를 얻게 될 것이 아닌가. 자유가 어디에서 얻어지는지도 모르는 인간들이 자유를 부르짖는 것은, 쌀도 없이 밥을 지어 배부르게 먹는 이야기만으로 떠드는 셈이니라.

2. 인생은 자기업신(自己業身)의 반영(反映)인 몽환(夢幻) 세계를 실상(實相)으로 알고 울고 웃고 하는 것은 마치 은행나무가 물에 비치는 제 그림자를 이성(異性)으로 감응(感應)하여 열매를 맺는 것과 같으니라.

3. 인간이 산다는 것은 생의 연속이 아니라, 생멸(生滅)의 연속으로 인간이 죽는 순간도 죽기 전후 생활도 다 잊어버리고, 입태(入胎)[22] 출태(出胎)[23]의 고(苦)도 기억하지 못하고, 다만

---

22) 어머니 복중(腹中)에 잉태(孕胎)됨을 말함.

현실적 육식(六識)²⁴⁾으로 판단할 수 있는 이 생활만 느끼고 사는데, 천당에 갔다가 지옥에 갔다가 사람이 되었다가 짐승으로 떨어졌다가 하는 그러한 생이 금세 지나가고, 또 한 생이 금세 닥쳐오는 것이 마치 활동사진의 영상(影像)이 연속해 교환 이동되어 빠른 찰나에 다른 장면으로 나타나는 것과 같으니라.

4. 인생은 과거를 부를 수도 없고, 미래를 보증할 수도 없는 것이다. 현재가 현재이기 때문에 현재를 완전히 파악하게 되어야 과거 현재 미래의 생활을 일단화(一單化)한 생활을 할 수 있나니라.

5. 인생은 과거에 사는 것도 아니요, 미래에 사는 것도 아니요, 다만 현재에만 살고 있는데, 현재란 잠시도 머무름이 없이 과거에서 미래로 이동하는 순간이니, 그 순간에 느끼는 불안정한 삶을 어찌 실(實)답다 할 수 있으랴! 과거와 현재가 합치된 현실이 있나니 현재는 과거의 후신(後身)이요, 미래의 전신(前身)으로 과거—현재—미래가 하나이기 때문이다.

6. 우리가 사는 세계를 중심으로 하여 위로 상상할 수 없는 최고 문화세계가 헤아릴 수 없이 벌어져 있고, 아래로 저열(低劣) 극악(極惡)한 그 양과 수를 헤일 수 없는 지옥의 세계가 다 함께 몽환세계(夢幻世界)²⁵⁾인 것이니, 과연 어떤 것이

---

23) 어머니에게서 세상에 태어남.
24) 안식(眼識), 이식(耳識), 비식(鼻識), 설식(舌識), 신식(身識), 의식(意識).
25) 꿈과 환상처럼 덧없는 세계.

실세계(實世界)인지? 그것을 알아 얻는 것이 곧 진아(眞我)세계를 체달[26]하게 되는 것이니라.

7. 나의 현재 생활이 일체(一切)세계라, 현재 생활에서 자족(自足)을 못 얻으면 다시 얻을 도리가 없나니라.

8. 인간들은 모두 자기에게는 좋은 것이 와야 할 희망을 갖고 생을 이어 가지만 좋은 것을 취하는 것이 곧 언짢은 것을 얻는 원인인 줄을 알지 못하나니라.

9. 인간 생활의 주체(主體)가 되는 생로병사(生老病死)와 희로애락(喜怒哀樂)까지도 다생(多生)으로 익혀 온 망령된 습관의 취집(聚集)이요 결과임을 확실히 깨달아야 생사를 벗어나게 되나니라.

10. 이 우주에는 무한(無限) 극수(極數)적 이류(異類)중생이 꽉 차서 자기 습성에 맞는 생활권을 건립하고 있지만, 우리 육식(六識)은 다생(多生)의 습기(習氣)로 점점 고정화(固定化)하여 우리 사바세계 인간으로는 어느 정도 한도를 넘어서는 도저히 볼 수 없고, 느낄 수도 없나니, 천인(天人)이니 지옥이니 신(神)이니 귀(鬼)니 하는 것도 결국 우리 육식(六識)으로는 판단할 수 없는 이류 중생의 명상(名相)이니라.

11. 습관은 천성이라 천재(天才)니 소질(素質)이니 하는 것도 다생으로 많이 익혀서 고정화하여 이루어진 것인데, 이것이

---

26) 사물의 진상을 몸소 통달함.

바로 업(業)이라는 것이다.

12. 물체는 결합(結合) 해소(解消)의 이중(二重)작용(作用)을 하기 때문에 영겁을 두고 우주는 건괴(建壞)되고, 인생은 생사를 반복하고 있나니라.

13. 중생이라 하는 것은 한 개체에 국한된 소아(小我)적인 생활을 하는 사람 짐승 벌레 등으로 일체 자유를 잃어 버리게 되어 다만 업풍(業風)에 불려서 사생(四生)육취(六趣)에 헤매게 되는 것이요, 불[완인(完人)]이라 하는 것은 일체 우주를 자신화(自身化)하여 일체 중생이 다 내 한 몸이요 삼천대천세계(三千大千世界)[27]가 다 내 한 집이라, 어느 집이나 어느 몸이나 취하고 버리는 것을 내 임의로 하나니라.

14. 완인(完人)은 만유(萬有)를 자체화(自體化)하였기 때문에 만유의 형상을 임의로 지으며, 만유의 도리를 자유로 쓰게 되나니라.

15. 천당은 갈 곳이요, 지옥은 못 갈 곳이라면; 우주가 내 한 몸이요, 천당과 지옥이 내 한 집인데, 중생은 한 세계를 두 세계로 갈라놓고, 한 몸을 분신(分身)시켜 천당 지옥으로 나누어 보내는데, 이것은 중생의 업연으로 됨이니라.

---

27) 수미산을 중심으로 하여 해, 달, 사대주(四大洲), 육욕천(六欲天), 범천(梵天) 등을 합하여 한 세계라 하고, 이것을 천 배 한 것을 소천(小千)세계, 소천 세계를 천 배 한 것을 중천(中千)세계, 중천 세계를 천 배 한 것을 대천 세계라 하는데, 이것들의 전부를 말함.

16. 인격(人格)이 환경에 휘둘리는 사람은 영원한 평안(平安)을 얻을 길이 없나니라.

17. 세상 사람들은 똥과 피의 주머니로 몸을 삼고 춥고 덥고 목마르고 배고픈 것만 귀중히 여기기 때문에 길이 윤회(輪廻)의 고취(苦趣)를 면치 못하나니라.

18. 우리가 느끼는 안이비설신의(眼耳鼻舌身意)의 여섯가지 식(識: 眼識, 耳識, 鼻識, 舌識, 身識, 意識)은 장소에 따라 변하고 때에 따라 흩어지나니, 이렇게 시시각각으로 천류(遷流)하는 여섯가지 식(識)으로 어찌 인생이 근본정신을 파악할 수 있겠는가?

19. 세인(世人)들의 아무리 진보된 이론이나 심원(深遠)한 학설(學說)이라 할지라도 그것으로는 인생 문제를 도저히 해결할 수 없는 것이니 이는 명상(名相)에 집착되었기 때문이니라.

20. 이론으로는 해결할 수 없는 것을 명확하게 깨우쳐 주는 이론이라면, 그 이론은 곧 도의 입문으로 인도하는 대도사(大導師)가 되는 것이니라.

21. 형이상학(形而上學)이나 유심론(唯心論)을 말하는 자 스스로 물질적 영역을 벗어나지 못한 것을 모르나니라.

22. 세상에는 바른 말 하는 사람도 없는 동시에 그른 말을 하는 사람도 있지 않은 것이니라.

23. 신(神)은 아무리 신통(神通)자재(自在)한 최고신으로 인류의 화복(禍福)을 주재(主宰)한다 하더라도 육체를 갖추지 못한 사(邪)이니라.

24. 신의 존재를 부인하는 사람은 무지(無知)를 면치 못하고, 신을 신앙의 대상으로 삼는 사람은 어리석음을 면치 못하나니라.

25. 현대과학이 아무리 만능(萬能)을 자랑하지만 자타(自他)를 위하여 순용(順用)되지 않고, 역용(逆用)되는 이상 그것은 인류에게 실리(實利)를 주는 것보다 해독(害毒)을 더 많이 주는 것이니, 다만 세계가 자타의 아상(我相)[28]이 없는 생활로 물질과 정신의 합치(合致)인 참된 과학 시대가 와야 전 인류는 합리적인 제도하에서 안정된 생활을 하게 될 것이니, 인간의 근본을 밝히는 정신문명(精神文明)이 사람마다 마음속에 건설하여야 잘 살 수 있는 진정한 평화가 되나니라.

26. 물질과학의 힘으로서는 자연의 일부는 정복할지언정 자연의 전체를 정복할 수는 없는 것이요, 설사 다 정복한다 하더라도 그것은 다생(多生)에 익혀 온 습성을 어느 정도까지 만족시키는 데 지나지 않을 뿐으로, 정말 습성 자체는 정복하지 못한 것이니, 그 습성 자체를 정복하고, 그 근본에 체달한 후라야 비로서 자연과 습성을 모두 자가용(自家用)으로 삼게 될 것이니라.

---

28) 망아(妄我)에 대한 집착

27. 물질과 정신이 합치된 과학자는 영원의 만능을 발휘할 수 있나니라.

28. 현대 사람은 자만심(自慢心)을 본위로 한 신경만 예민하여, 자신이 이해 할 수 없는 법문(法門)을 들을 때에 신중히 생각하지도 아니하고, 부인할 아무 근거도 없이 무조건 반박해 버리는 것으로 쾌사(快事)를 삼는 일이 많으니, 그것은 스스로가 암흑의 길을 취하는 것이니라.

29. 아집(我執)은 배타적(排他的) 정신이라. 남이 곧 나라는 것을 알지 못하는 까닭에 나를 점점 더 축소시키는 무지이니라.

30. 중생들은 잘하고 착해야 될 줄을 알면서도, 잘하고 착하게 하는 사람, 곧 나를 찾는 공부는 할 생각을 못하나니라.

31. 중생들은 인간이 만물(萬物) 가운데 가장 귀한 것이 사색(思索)하는데 있다고 하면서 사색하는 그 자체를 알아 볼 생각은 하지 못하나니라.

32. 중생들은 자기 자신은 무엇인지도 까맣게 모르면서 학자인양 종교가인양 하여 제법 인생 문제를 논하는 것은 인명을 잘라 놓고 생명을 살리려는 것과 다를 바 없나니라.

33. 이론이 끊어지고 학론(學論)이 다한 곳에서도 한 걸음 더 나아가야 나를 발견하는데, 내가 나를 찾기 전에는 인생 문제의 해결은 결코 불가능하니라.

34. 인생 문제를 해결한다는 것은 인연이나 희망이 아니요, 진아(眞我)를 체달하여 이사(理事)에 임의로 처리하게 되어야 하나니라.

35. 중생들은 알 줄만 알고, 모를 줄은 모르나니라.

36. 알지 못함을 알면 철처히 아는 것이니, 정말 아는 법은 알지 못할 줄을 능히 알 때에 비로서 진아에 체달되나니라.

37. 지구(地球)라는 한 모태(母胎)에서 같이 출생한 동포가 서로 총칼을 겨누게 되니, 어느 형(兄)을 찌르려고 칼을 갈며, 어느 아우를 죽이려고 총을 만드는지 비참한 일이니라.

● 4. 불 법 ●

1. 불법(佛法)이라고 할 때, 벌써 불법은 아니니라.

2. 일체의 것이 그대로 불법인지라 불법이라고 따로 내세울 때에 벌써 잃어버리는 말이다.

3. 물질(物質)은 쓰는 것이요, 정신(精神)은 바탕인데, 물질과 정신의 일단화(一單化)를 불법이라 하나니라. 불법엔 완전을 이루지 못하면, 인생의 영원한 전정(前程, 앞길)을 보증할 길이 없나니라.

4. 불법은 어느 시대 어떤 인간의 호흡에도 맞는 것이니라.

5. 불법을 듣고 생명의 중심이 움직이지 않는다면, 인간의 생명을 잃어버린 사람이니라.

6. 불(佛)이라는 것은 마음이요, 법(法)이라는 것은 물질인데, 불법이라는 명상(名相)이 생기기 전에, 부처가 출현하기 전에, 나는 이미 존재한 것이니라. 질그릇 같은 나를 버리면 칠보(七寶)의 그릇인 법신(法身)[29]을 얻나니라.

7. 입이 말을 하는 것이 아니요, 손이 일을 하는 것이 아니니, 말하고 일하는 그 정체(正體)를 알아야 참된 말과 일을 하는

---

29) 석가여래의 삼신(三身)의 하나로 법계(法界)의 이치와 일치한 부처의 진신(眞身).

정작 인간(人間)이 되나니라.

8. 불법은 육체나 영혼의 책임자이다. 책임자 없이 살아가는 인생이 얼마나 불안한가. 이것을 알면, 곧 불법에 돌아오게 될 것이니라.

9. 세간법(世間法)[30]과 불법이 둘이 아니요, 부처와 중생이 하나니, 이 불이법(佛二法)을 증득(證得)해야 참 인간이 되나니라.

10. 불법을 알면 속인(俗人)이라도 스님이요, 스님이라도 불법을 모르면 이는 곧 속인이니라.

11. 여러 가지 자물쇠를 열려면 여러 가지의 열쇠가 필요한 것 같이 백천삼매(百千三昧)의 무량(無量)묘리(妙理)를 해득(解得)하려면 백천만의 지혜의 열쇠를 얻어야 하나니라.

12. 불법을 부인(否認)하는 것은 자기가 자기를 부인하는 것이요, 불법을 배척하는 것은 자기가 자기를 배척하는 것이니, 이는 곧 자기가 부처이기 때문이니라.

13. 소리소리가 다 법문(法門)이요, 두두물물(頭頭物物)이 다 부처님의 진신(眞身)이건만, 불법 만나기는 백천만겁(百千萬劫)에 어렵다고 하니, 그 무슨 불가사의(不可思議)한 도리인지 좀 알아 볼 일이니라.

---

30) 중생들이 세상에서 쓰는 법(관습, 규칙 등 모든 것을 통칭).

● 5. 불   교 ●

1. 불교(佛敎)라고 주장할 때 벌써 불교 교리와는 어긋난 것이니, 불교 교리는 아집(我執)[31]을 떠난 교리이기 때문이니라.

2. 불교의 종지(宗旨)가 악을 징계하고 선을 장려하는 종교가 아니라, 선악이 다 불법인 까닭에 천당 극락의 즐거움이나, 반대로 지옥의 극고(極苦)한 세계가 다 나의 창조물인 까닭이니라.

3. 먼저 대가(代價)없이는 얻어지지 않고, 노력 없이는 성공이 오지 않는 것이 우주의 원리이니라.

4. 일체는 그대로 불(佛)이기 때문에 일정한 규칙이나 조직을 세워서 가르치지 않고, 기류(氣類, 근기)에 맞추어 가르칠 뿐이니라.

5. 불교의 유심(唯心)[32]이란 유물(唯物)과 상대되는 유심이 아니요, 물심(物心)이 둘이 아닌 절대적인 유심임을 말하는 것이니라.

6. 허공(虛空, 自我 自性)은 마음을 낳고, 마음은 인격[人格:

---

31) 망아(妄我)의 어리석음에 대한 집착.
32) 우주의 모든 존재는 마음의 표현이며, 이것을 떠나서 존재하는 것이 없고, 마음은 만물의 본체(本體)로서 유일한 실재(實在)라고 하는 「화엄경」의 중심 사상.

대표적인 인격자를 불(佛)이라함]을 낳고, 인격은 행동[현실(現實)]을 낳나니라.

7. 세상에는 물심양면이라면 우주의 총칭(總稱)인 줄 알지만, 우주의 정체(正體)는 따로 있나니라.

8. 불교에서는 신(神)을 초월하여 법신(法身)이 있고, 영혼 위에 진인(眞人)이 있음을 알아, 그것을 증득하는 것으로 구경(究竟)을 삼는데, 육신(肉身)과 신과 영혼의 근본이 법신이요, 그 근본을 잃어버린 육신과 신과 영혼이 서로 교환 이동(移動)하는 생활이 사바세계(娑婆世界)의 인간이니라.

9. 불교는 전 인류의 자아(自我)를 완성시키는 교육 기관이니, 다종(多宗) 각법(各法)의 종교가 다 진아 완성의 가교(架橋)요 과정이니라.

10. 불교 교리의 오의(奧義)는 표현할 수 없는 법이지만, 각자가 다 이미 지니고 있기 때문에, 마음과 마음이 서로 응할수 있고, 가르치고 가르침을 받을 수 없으되 주고 받을 수 없는 그 법을 전불(前佛)[33] 후불(後佛)[34]이 상속하여 가나니라.

---

33) 현세에 나타난 부처님보다 이전에 성도(成道)하여 입멸(入滅)한 부처님.
34) 미래에 나타날 부처님 (前佛•後佛이란 중생이 모두 불성이 있으므로悉有佛性 견성하여 깨달은 부처님들의 심인心印이 면면히 상속되어 감)

● 6. 승니(僧尼)란 무엇인가? ●

1. 승(僧)이라 함은 일체 명상법(名相法)이 생기기 이전의 사람을 가리켜 승(僧)이라 하니, 만유(萬有)의 주인이요, 천상(天上) 인간의 스승이 바로 승(僧)인 것이다.

2. 수행인(修行人)인 승(僧)은 부모 처자와 일체 소유를 다 버림은 물론 자신까지도 버려야 하나니라.

3. 승(僧)은 운명의 지배도 아니 받고, 염라국(閻羅國)에도 상관이 없어야 하며, 남이 주는 행·불행을 받는 사람이 되어서는 안되나니라.

4. 수도(修道) 생활을 하는 것은 성품(性品)이 백련(白蓮)[35]같이 되어 세속(世俗)에 물들지 않는 사람이 되려는 것이니라.

5. 짧은 일생을 위하여 세속 학문도 반평생(半平生)을 허비해야 하거든, 하물며 미래세(未來世)가 다함이 없는 전정(前程, 앞길)을 멀다 하며, 만년(萬年)을 지루하다 할 것인가?

6. 생사윤회에 소극적인 학교 교육도 필요를 느끼거든, 하물며 생사윤회를 영단(永斷)하고 참된 인간을 완성시키는 참선(參禪) 교육은 참으로 필요하다. 전인류에게 시급히 알려야 할 가장 중요한 것이니라.

---

35) 마음이 맑고 깨끗하여 더럽힘이 없는 것을 비유함

7. 세상 사람은 유위(有爲)로 법을 삼지만 승(僧)은 무위(無爲)[36]로 법을 삼나니라.

8. 세상 사람은 무엇이든지 애착심을 가지고 일을 하지만, 승(僧)은 무엇이든지 애착심을 끊고 일을 하나니, 부처님이나 조사(祖師)에게 까지도 애착심을 가지지 말 것이니라.

9. 세상에서는 혈통(血統)으로 대(代)를 이어 가지만, 승(僧)은 자기를 깨달은 정신, 곧 도(道)로 대를 이어 가는데, 세상에서도 조상의 향화(香火)[37]를 끊게 되면, 그에게 더 큰 죄가 없다는데, 불자(佛子)가 되어 승(僧)으로 부처님 법을 자기 대에 와서 끊는다면 그 죄를 어디에 비할 것인가?

10. 예전에는 항간(巷間)의 부녀자 중에도 불법을 아는 이가 있어 종종 승(僧)을 저울질하는 일이 있었건만 지금은 민중을 교화할 책임이 있는 승(僧)이 도리어 불법을 모르니, 어찌 암흑 시대라 하지 않을 것이며, 시대가 이토록 캄캄한데 민중이 어찌 도탄(塗炭)에 빠지지 않을 것인가.

11. 불교의 흥망이 곧 인류의 행•불행이니라.

12. 언제나 불교의 행운과 함께 세상에 평화가 동행(同行)해 오게 되나니라.

---

36) 인연에 의하여 조작(造作)이 없는 것.
37) 제사(祭祀)

13. 공부하는 스님의 누더기는 임금의 용포(龍袍)로도 능히 미칠 수 없는 귀중한 것이니, 임금의 용포 밑에서는 갖은 업(業)을 짓게 되지만 중의 누더기 밑에서는 업이 녹아지고 지혜(智慧)가 밝아지나니라.

14. 승(僧)으로서 속인의 부귀를 부러워하거나 외로워하거나 설움과 한(恨)이 남았다면 그보다 더 부끄러운 일이 없나니라.

15. 이 우주 전체가 곧 '나'인 것을 깨달아 체달(體達)된 인간을 승(僧)이라 하나니라.

16. 승(僧)은 자신의 노력으로 수입되는 물질이라도 사용(私用)하지 못하나니 승(僧)의 것은 다 삼보지물(三寶之物)[38]이기 때문이니라.

17. 공부는 하지 않으면서 스님이라는 명목(名目)으로 시물(施物)을 얻어 쓰는 것은 사기취재(詐欺取財)니라.

18. 스님 노릇을 잘못하면 삼가(三家)[39]에 죄인을 면치 못하나니라.

19. 자성(自性)이 더럽혀지기 전인 어렸을 때에 출가하여 평생을 무애(無碍)하게 스님 노릇을 잘하여 마치는 이는 하늘과 땅을 덮고도 남는 복이니라.

---

38) 불법승(佛法僧)을 삼보라 하고, 사찰의 공유지물(公有之物).
39) 국가, 속가(俗家), 불가(佛家).

20. 요사이는 시주(施主)의 밥만 허비하는 스님이 많기 때문에 진실하게 공부하는 스님의 생활을 보증해 주는 신도가 없게 되었으니, 도(道)를 위하여 하는 노력은 곧 도(道)가 되나니, 도(道)를 위하여는 지악(至惡)의 경지에서도 용기있게 노력하여 정진해야 하나니라.

21. 사상적 방향은 정진에서만 확정(確定)을 하게 되고 사상적 방향을 정하게 되어야 인생의 정로(正路)를 걷게 되고, 인생의 정로를 걷게 되어야 인생의 영원겁(永遠劫)에 장래를 보증할 수 있나니라.

22. 세속 일은 잠시라도 쉼이 있지만, 스님은 정진하는 일을 꿈에라도 방심(放心)할 수 없나니, 털끝만한 틈이 벌어져도 온갖 마장(魔障)이 다 생기느니라.

23. 백천(百千) 만인(萬人)을 죽인 살인수라도 허심탄회(虛心坦懷)로 부처님께 귀의하여 정진하는 스님만 되면 백천 만인의 원결(怨結)을 푸는 동시에 백천만겁에 지은 죄업(罪業)이 몽땅 소멸되나니라.

24. 중생이 보고 듣고 일하는 것이 모두 허무하게 되는 것은 망아(妄我)에 집착하기 때문이니라.

25. 중생은 시공간에 의하여서만 생존하는 것으로 집착된 까닭에 시공의 제재하(制裁下)에 육도윤회를 면치 못하나니라.

● 7. 대중 처소에서 할 행리법 ●

1. 스님은 반드시 대중(大衆)에 처(處)해야 하며, 대중을 중히 생각하여야 하나니라.

2. 스님은 당파(黨派)를 짓지 않아야 하나니, 우리라는 구분이 있다면 벌써 출가 수행자의 정신을 잃은 소리니라.

3. 출가 수행자는 물질 본위로 사는 동물적 인간계를 떠나야 할 것이니, 너와 내가 하나인 정신세계의 집단생활이 출가한 스님네의 생활이니라.

4. 대중 시봉이 곧 부처님 시봉이니라.

5. 속연(俗緣)을 끊고 출가하여 함께 정업(淨業)을 수행하는 도반(道伴)을 서로 존중히 여겨야 함을 알고, 어린이를 사랑하며, 어른에게는 공대할 줄 알아야 하느니라.

6. 이미 은사(恩師)와 상좌(上佐)의 의(義)를 맺었거든, 스승은 상좌를 지도하고, 상좌는 스승을 존경해야 하나니라.

7. 출가 수행자는 먼저 시비심(是非心)을 끊고 지내되, 남이 나를 시비할 때를 당하여 나의 잘못이 있다면 잘못을 반성하여 고치고, 만일 나의 허물이 없을 때는 나의 일이 아니니 상관치 말라. 이와 같이 대중에 처하면 불안한 시비가 없고, 항상 편안하리라.

8. 출가 수행자는 일이나 물건을 대할 때 나의 이해(利害)를 생각하지 말고, 일의 성취와 물건의 보존(保存)이 대중에게 공익으로 돌아가게 해야 하나니라.

9. 동무의 허물을 볼 때에 나의 잘못으로 느끼면 그 허물을 다른 이에게 알릴 수 없나니라.

10. 어려운 일은 내가 하고, 좋은 음식은 남을 줄 생각을 해야 하나니라.

11. 마음은 무한대(無限大)한 것이니, 마음의 사자(使者)인 몸의 능력도 제한되지 않는 것이니라.

12. 출가 수행자는 공익(公益)심과 평등심으로 누구나 포용할 수 있어야 하나니라.

13. 출가 수행자는 곤충에게도 대자대비의 용심(用心)을 가져야 하나니라.

14. 횡재를 기뻐하지 말라. 잃어버린 임자의 슬픔이 있나니라.

15. 출가 수행자는 먼저 인욕(忍辱)할 줄을 알아야 하나니라.

16. 대중의 욕(辱)됨을 내가 혼자 받을 마음을 가지며, 대중을 위하여서는 신명(身命)을 아끼지 않게 되어야 하나니라.

17. 대중에 처하여 각자가 자기의 임무만을 잘 충실히 지켜 가면 대중 질서에 조금도 어지러운 일이 없나니라.

18. 공적(公的) 일을 당하여 괴로움을 면할 생각을 한다든가 자기 욕심을 생각한다면 그것은 자기타락이니라.

19. 누가 내게 역량에 못 미칠 노력을 요구하더라도 원망을 말 것이니, 못 미친다는 것은 나의 정신력이 못 미친 까닭이니라.

● 8. 경 구 ●

1. 숨 한 번 마시고 내쉬지 못하면, 이 목숨은 끝나는 것이니, 이 목숨이 다하기 전에 정진력을 못 얻으면 눈빛이 땅에 떨어질 때에 내 정신이 아득하여져서 인생의 길을 잃어버리게 되나니라.

2. 죄의 원천은 노는[40] 것이니라.

3. 자기 면목을 찾는 정진은 아니하고 재색(財色)에 눈부터 뜨게 된다면, 천불(千佛)[41]이 출세(出世)해도 제도할 수 없나니라.

4. 조그마한 나라를 회복하려 해도 수많은 희생을 요(要)하는 것이니, 전(全) 우주인 나를 도로 찾으려 할 때 그만한 대가를 지불할 예산을 각오해야 하나니라.

5. 누구나 물건을 잃어버린 줄은 알게 되지만, 내가 나를 잃어버린 것은 모르나니라.

6. 미물(微物)을 업신여기는 마음으로 후일에 나도 미물이 되나니라.

7. 남에게 이익을 주는 것이 정말 내게 이익이 되고, 남에게

---

40) 방심(放心) 해태(懈怠).
41) 과거 현재 미래의 모든 부처님.

베푸는 것이 정말 나에게 고리(高利)의 저금(貯金)이 되나니라.

8. 내 잘못을 남에게 미는 것은 가장 비열한 일이니라.

9. 천 번 생각하는 것이 한 번 실행함만 못하나니라.

10. 방일(放逸)은 온갖 위험을 초래하나니라.

11. 말하기 전에 실행부터 할 것이니라.

12. 총과 칼이 사람을 찌르는 것이 아니요 사람의 업(業)이 사람을 쏘고 찌르나니라.

13. 지옥이 무서운 곳이 아니라, 내 마음 가운데 일어나는 탐(貪)진(瞋)치(痴)가 가장 무서운 것이니라.

14. 함[위(爲)]이 없는 곳에 참 일이 이루어지고, 착함을 짓지 않는 곳에 정말 착함이 있나니라.

15. 참된 말은 입 밖에 나가지 않나니라.

16. 허공(虛空)이 가장 무서운 줄을 알아야 하느니라.

17. 네가 네 생각을 내어 놓을 수 있겠느냐?

18. 허공(虛空)이 뼈가 있는 소식을 알겠느냐?

19. 귀신 방귀에 털 나는 소식을 알겠느냐?

20. 등상불(等像佛: 나무, 돌, 쇠, 흙, 구리 등으로 만든 불상)이 법문하는 소리를 듣겠느냐?

21. 생각이 곧 현실이요, 존재니라.

22. 생각이 있을 때는 삼라만상(森羅萬象)이 나타나고, 생각이 없어지면 그 바탕은 곧 무(無)로 돌아가나니라.

23. 토목(土木)와석(瓦石)이 곧 도(道)니라.

24. 백초(百草)⁴²⁾가 곧 불모[(佛母: 부처를 태어나게 하는 것, 지혜가 부처를 낳는다는 말로 반야불모(般若佛母)라는 말이 있음)]니라.

25. 부처를 풀밭[초전(草田)⁴³⁾] 속에서 구할지니라.

26. 무심(無心)은 비로자나불(毘盧遮那佛)의 스승이니라.

27. 알려는 생각이 끊어질 때에 일체를 다 알게 되는 것은 무(無)에서 일체의 것이 다 발견되기 때문이니라.

---

42) 중생의 번뇌망상, 무명초(無明草).
43) 중생의 무명(無明)을 비유함.

28. 허수아비가 사람 못지않은 영물(靈物)임을 알아야 하나니라.

29. 얻는 것이 없으면 잃는 것도 없나니라.

30. 유용(有用)한 인물은 한가(閑暇)한 시간을 가질 수 없나니라.

● 9. 최 후 설 ●

　　내가 산중에 와서 납자(衲子)를 가르치고 있는지 사십(四十)여 년인데, 그 간에 선지식(善知識)을 찾아왔다 하고 나를 찾는 이가 적지 않았지만, 찾아와서는 다만 내가 사는 집인 이 육체의 모양만 보고 갔을 뿐이요, 정말 나의 진면목(眞面目)은 보지 못하였으니, 나를 못 보았다는 것이 문제가 아니라, 나를 못 보는 것이 곧 자기를 못 본 것이다. 자기를 못봄으로 자기의 부모 형제 처자와 일체 사람을 다 보지 못하고 헛되게 돌아다니는 정신병자일 뿐이니, 이 세계를 어찌 암흑 세계라 아니할 것이냐?

　　도(道)는 둘이 아니지만 도를 가르치는 방법은 각각 다르니, 내 법문을 들은 나의 문인(門人)들은 도절(道節)을 지켜 내가 가르치던 모든 방식까지 잊지 말고 지켜 갈지니, 도절을 지켜 가는 것이 법은(法恩)을 갚는 것도 되고, 정신적 시간적으로 공부의 손실이 없게 되나니라.

　　도량(道場) 도사(道師) 도반(道伴)의 삼대 요건이 갖추어진 곳을 떠나지 말 것이니, 석가불(釋家佛) 삼천운(三千運)[44]에 덕숭산(德嵩山)에서 삼성(三聖)[45]칠현(七賢)[46]이 나고, 그 외에

---

44) 석가불이 입적 하신 후 三千년.
45) 대승보살 수행의 지위인 십주(十住), 십행(十行), 십회향(十廻向) 등 세 성위(聖位)에 있는 보살. 이들은 모두 성위에 들어가기 위한 방편위(方便位)에 있는 성인(聖人)이다.
46) 대승불교에서 말하는 초발심인(初發心人), 유상행인(有相行人), 무상행인(無相行人), 방편행인(方便行人), 습종성인(習種性人), 성종성인(性種性人), 도종성인(道種性人)등 성위에 있는 현인(賢人). 칠방편(七方便), 칠가행위(七加行位)라고도 한다.

무수(無數) 도인(道人)이 출현할 것이니라. 나는 육체에 의존하지 아니한 영원한 존재임을 알라. 내 법문이 들리지 않을 때에도 사라지지 않는 내 면목(面目)을 볼 수 있어야 하나니라.

무문관(無門關)

들어가는 말

무문관(無門關)은 '문이 없는 관문'이라는 뜻입니다. '문 (門)이 없는 문(門)'을 통과해야 된다는 말입니다.

세상은 급하게 변하고 바쁘게 움직이는 것 같지만 그 본 질적인 면에서는 바뀐 게 없습니다. 10년 전이나 100년 전이 나 부처님 당시의 2,600년 전이나 ....

복어라는 물고기가 있습니다. 낚싯줄에 걸려 물 밖으로 나오게 되면 배를 크게 부풀립니다. 이것이 복어가 하는 '자 기 방어' 방식이라고 합니다. 그런데 사람들도 마찬가지입니 다. 죽음이라는 소멸을 인지하는 사람들은 이 문제를 극복해 보려고 복어와 비슷한 방법을 취합니다. 그것은 '자기 연장(延 長)' '자기 확장(擴張)'이라는 방식으로 드러납니다. 성공과 출 세라는 것을 목표로 삼아 살아가는 것도 그러한 자기 연장·자기 확장 방식의 하나입니다.

이러한 전도된 생각들이 집단화되면 일종의 문화라는 것을 형성해서 이런저런 것들에 대해 자기 판단을 해 보기도 전에 후세(後世)는 주위의 흐름을 따라가게 됩니다. 나의 판단이나 선택이 아니라 주위에서 하는 대로 따라간다는 말입니다. '예수와 바라바'의 사건은 그 대표적인 예(例)라 할 수 있습니다. 주위에서 바라바를 외치니까 자기도 덩달아 주위 사람들을 따라 외치는 겁니다. 진정한 나의 판단은 무엇인가요?

　　이 문 없는 관문(無門關)을 통과하면 정안(正眼)을 얻어 더 이상 세상에 굴림을 받지 않고 해탈인으로 세상의 등불이 될 것입니다.

목   차

1. 조주의 개(趙州狗子)

趙州和尚, 因僧問, 狗子還有佛性也無. 州云, 無.

> 조주 화상에게 한 승이 물었다.
> "개에게도 불성(佛性)이 있습니까?"
> 조주가 대답하기를
> "무(無, 없다)" 하였다.

無門曰: 參禪須透祖師關, 妙悟要窮心路絕. 祖關不透, 心路不絕, 盡是依草附木精靈. 且道, 如何是祖師關. 只者一箇無字, 乃宗門一關也. 遂目之曰禪宗無門關. 透得過者, 非但親見趙州, 便可與歷代祖師, 把手共行, 眉毛廝結, 同一眼見, 同一耳聞, 豈不慶快. 莫有要透關底麼. 將三百六十骨節, 八萬四千毫竅, 通身起箇疑團, 參箇無字. 晝夜提撕, 莫作虛無會, 莫作有無會, 如吞了箇熱鐵丸相似, 吐又吐不出. 蕩盡從前惡知惡覺, 久久純熟, 自然內外打成一片. 如啞子得夢, 只許自知. 驀然打發, 驚天動地, 如奪得關將軍大刀入手, 逢佛殺佛, 逢祖殺祖, 於生死岸頭得大自在, 向六道四生中, 遊戲三昧. 且作麼生提撕. 盡平生氣力, 舉箇無字. 若不間斷, 好似法燭 一點便著.

무문이 평한다.

참선은 모름지기 조사의 관문[祖師關]을 투득하고, 묘한 깨달음은 반드시 마음 길이 끊어져야 한다. 조사의 관문을 투득하지 못하고 마음 길이 끊어지지 않았다면 모두가 풀과 나무에 기대어 사는 귀신일 뿐이다.

　자, 말해보라! 어떤 것이 조사의 관문인가? 다만 이 한 글자 "무(無)"란 말이 바로 종문의 한 관문이니, 이것을 가리켜 '선종 무문관(禪宗無門關)'이라 한다. 이것을 투득할 수 있는 사람은 비단 조주(趙州)화상을 직접 뵐뿐만 아니라, 역대의 조사(祖師)들과 손을 잡고 함께 행동하며, 눈썹을 맞대고 같은 눈으로 보고 같은 귀로 들을 수 있으니, 어찌 기쁘고 유쾌하지 않겠는가?

　이 관문을 투득하지 않으려는가? 365개의 뼈마디와 8만4천 개의 털구멍을 가지고 온몸에 의심덩이를 일으켜 이 "무(無)"라는 말을 참구하라. 밤낮으로 들어보되, '허무하다'는 알음알이도 짓지 말고 '있다', '없다'의 알음알이도 짓지 말라. 마치 뜨거운 쇠구슬을 삼킨 것 같아서 토하고 토해도 나오지 않게 된다. 종전의 그릇된 지식과 잘못된 견해를 모두 없애서 오래도록 잘 익히면 자연히 안팎이 한 덩어리가 되어, 마치 벙어리가 꿈을 꾼 것 같아서 다만 스스로 알 수 있을 뿐이나, 이때 문득 경지를 타파하여 나아가면 하늘이 놀라고 땅이 진동할 것이다. 그러면 마치 관우 장군의 큰 칼을 빼앗아 손에 쥔 것처럼, 부처를 만나면 부처를 죽이고 조사를 만나면 조사를 죽이고, 생사(生死)의 언덕에서 커다란 자유를 얻어 육도사생(六道四生) 가운데에서 유희삼매를 하리라.

　그렇다면 어떻게 공부를 지어 갈 것인가? 평생의 기력을 다하여 이 한 글자 "무(無)" 화두를 참구하라. 만약 (화두를 참구함에) 끊어짐이 없다면 마치 (법의) 촛불에 단박 불이 붙듯 할 것이다.

頌曰: 狗子佛性, 全提正令. 纔涉有無, 喪身失命.

송(頌)으로 이른다.

개의 불성, 바른 법령을 온전히 드러내었다.
조금이라도 '있다·없다'에 걸리면 신명(身命)을 잃으리라.

* 　종용록(從容錄) 18칙에 있는 조주의 개(趙州狗子) 화두에 대한 전체 내용.

조주(趙州)에게 어떤 스님이 물었다.
"개에게도 불성이 있습니까?"
선사가 답하되, "있다(有)"
스님이 다시 묻되,
"있다면, 어째서 저러한 가죽 부대 속에 들어가 있습니까?"
선사가 답하되, "그가 알면서도 짐짓 범했기 때문이다."

다시 어떤 스님이 물었다.
"개에게도 불성이 있습니까?"
선사가 답하되, "없다(無)"
스님이 다시 묻되, "일체 중생이 모두가 불성이 있다 했거늘 개에게는 어째서 없습니까?"
선사가 답하되, "그가 업식(業識)이 있기 때문이니라."

2. 백장과 들여우(百丈野狐)

百丈和尚, 凡參次, 有一老人, 常隨衆聽法, 衆人退, 老人亦退, 忽一日不退, 師遂問, 面前立者, 復是何人. 老人云, 諾, 某甲非人也. 於過去迦葉佛時, 曾住此山. 因學人問, 大修行底人, 還落因果也無. 某甲對云, 不落因果, 五百生墮野狐身. 今請和尚, 代一轉語, 貴脫野狐. 遂問, 大修行底人, 還落因果也無. 師云, 不昧因果. 老人於言下大悟, 作禮云, 某甲已脫野狐身, 住在山後, 敢告和尚, 乞依亡僧事例. 師令維那白槌告衆, 食後送亡僧. 大衆言議, 一衆皆安, 涅槃堂又無人病, 何故如是. 食後只見師領衆, 至山後巖下, 以杖挑出一死野狐, 乃依火葬. 師至晚上堂, 舉前因緣, 黃蘗便問, 古人錯祇對一轉語, 墮五百生野狐身, 轉轉不錯, 合作箇甚麼. 師云, 近前來, 與伊道. 黃蘗遂近前, 與師一掌. 師拍手笑云, 將謂胡鬚赤, 更有赤鬚胡.

　　백장 화상이 설법할 때마다 한 노인이 항상 대중을 따라 법문을 듣다가 대중들이 물러가면 노인 또한 물러가곤 했는데, 문득 하루는 물러가지 않아서 화상이 드디어 물었다.

　　"앞에 서 있는 자는 어떤 사람이냐?"

　　노인이 말했다.

　　"네, 저는 사람이 아닙니다. 과거 가섭불 시대에 일찍이 이 산에 머물고 있었는데, 당시 어떤 학인이 '크게 수행을 한 사람이라도 또한 인과(因果)에 떨어집니까?' 라고 묻기에, 제가 '인과에 떨어지지 않는다(不落因果)' 라고 대답했다가 5백 생을 여우 몸에 떨어져 있습니다. 이제 청컨대 화상께서 저를 대신하여 한 말씀 해주시어 여우 몸을 벗어나게 해주십시오."

그리고는 이렇게 물었다.

"크게 수행한 사람도 또한 인과에 떨어집니까?"

화상이 말씀하셨다.

"인과에 매(어둡지)하지 않느니라(不昧因果)."

노인은 언하에 대오하고 예를 올리며 말했다.

"저는 이제 여우 몸을 벗어나서 산 뒤쪽에 있으니 감히 청컨대 화상께서는 죽은 승려의 사례에 따라 장례를 치러 주시기 바랍니다."

화상은 유나(維那)로 하여금 백추(白槌)를 쳐서 공양 후에 죽은 승려의 다비식이 있음을 알렸다. 대중들은 '모든 대중이 다 평안하고 열반당(涅槃堂)에도 또한 아픈 사람이 없는데 웬일일까?' 하고 수군거렸다. 공양 후에 화상께서는 대중을 이끌고 산 뒤쪽 바위 아래에 이르러 지팡이로 한 마리의 죽은 들여우를 끄집어내었다. 그리하여 (스님 장례로) 화장을 하였다.

화상이 저녁에 상당(上堂)하시어 앞서의 인연을 이야기하자 황벽이 곧바로 물었다.

"고인(古人)이 단지 한 마디 어긋난 대답으로 5백 생을 여우 몸에 떨어졌는데, 만약 잘못 이르지 않았더라면 무엇이 되었겠습니까?"

화상이 말씀하셨다.

"가까이 오너라. 너에게 일러 주마."

황벽은 앞으로 가까이 가서 스님의 뺨을 한 대 후려 갈겼다.

화상은 손뼉을 치며 웃으며 말했다.

"오랑캐(보리달마)의 수염이 붉다고 말하려 했더니 여기 붉은 수염의 오랑캐가 있구나!"

無門曰: 不落因果, 為甚墮野狐, 不昧因果, 為甚脫野狐. 若向者 裏著得一隻眼, 便知得前百丈贏得風流五百生.

무문이 평한다.

'인과에 떨어지지 않는다' 하면 어째서 들여우의 몸에 떨어지고, '인과에 매(어둡지)하지 않다' 하면 어째서 들여우의 몸을 벗어나는 것인가? 만약 여기에서 일척안(한 개의 눈, 제 3의 눈)을 얻을 수 있다면 전백장(여우 몸 노인)이 5백 생 동안 가득히(贏) 풍류를 즐겼다는 사실을 알 것이다.

頌曰: 不落不昧, 兩采一賽. 不昧不落, 千錯萬錯.

송(頌)으로 이른다.

불락이나 불매나 한 주사위(賽)의 양 채(彩; 주사위에 새긴 부호)와 같다. 불매니 불락이니 모두가 천 가지로 틀리고 만 가지로 어긋났다.

* 　유나(維那): 총림에서 스님들의 수행을 독려, 기강을 지도하는 직책.

* 　백추(白槌): 白은 '알리다, 고하다'라는 뜻이고 槌는 '방망이로 치다'라는 뜻. ① 총림이나 선원에서 수행자들에게 알리기 위하여 치는 타구(打具) ② 법회가 시작됨을 알릴 때 사용하는 신호 도구.

* 　열반당(涅槃堂): 병이 들거나 임종이 가까운 스님이 머무는 곳.

3. 구지가 손가락을 세우다(俱胝竪指)

俱胝和尚, 凡有詰問, 唯舉一指. 後有童子, 因外人問, 和尚說何
法要, 童子亦竪指頭. 胝聞, 遂以刃斷其指. 童子負痛號哭而去,
胝復召之. 童子迴首, 胝卻竪起指. 童子忽然領悟. 胝將順世, 謂
衆曰, 吾得天龍一指頭禪, 一生受用不盡, 言訖示滅.

　　구지 화상은 무릇 무슨 질문이 있으면 오직 손가락 하나
를 들어 보였다.
　　화상의 처소에 한 동자가 있었는데, 한 방문객이 묻기를
"화상께서는 어떤 법요를 설하시느냐?" 하니, 동자도 역시 손
가락을 세워 보였다.
　　구지가 이 말을 듣고 칼로 동자의 손가락을 잘라버렸다.
동자가 아파서 엉엉 울며 달아나는데 구지가 다시 그를 부르
니, 동자가 머리를 돌리매, 이때 도리어 구지가 손가락을 세
워 보이니 동자가 홀연히 깨달았다.
　　구지가 열반에 들 즈음에 대중에게 말했다.
　　"내가 천룡의 한 손가락 선을 얻어 일생을 수용(受用)하
고도 다 쓰지 못했다."
　　말을 마치고 멸도(滅度)에 들었다.

無門曰: 俱胝并童子悟處, 不在指頭上. 若向者裏見得, 天龍同俱
胝并童子, 與自己一串穿卻.

무문이 평한다.

구지와 동자가 깨달은 곳이 손가락 끝에 있는 것이 아니다. 만약 여기에서 보아 안다면 천룡과 구지와 동자, 그리고 자기를 한 꼬치에 꿰어 버릴 것이다.

頌曰: 俱胝鈍置老天龍, 利刃單提勘小童. 巨靈擡手無多子, 分破華山千萬重.

송(頌)으로 이른다.

　　　　구지는 늙은 천룡을 업신여기고
　　　　날카로운 칼로 동자를 시험하였네.
　　　　거령이 쉽게(無多子) 손을 들어
　　　　천만 겹 화산(華山)을 쪼개는 것처럼.

*　　거령(巨靈): 거령은 황하(黃河)의 신(神)으로, 전설에 화산(華山)이 황하를 가로막고 있었는데, 거령이 불끈 힘을 써서 화산을 둘로 쪼개어 북쪽에 있는 것은 수양산(首陽山)이 되고 남쪽에 있는 것은 태화산(太華山)이 되었으며 황하가 그 사이로 흐르게 되었다 한다.

4. 오랑캐는 수염이 없다(胡子無鬚)

或庵曰, 西天胡子, 因甚無鬚.

혹암 스님이 말했다.
"서천의 오랑캐(보리달마)는 어째서 수염이 없는가?"

無門曰: 參須實參, 悟須實悟. 者箇胡子, 直須親見一回始得. 說親見, 早成兩箇.

무문이 평한다.

참선은 모름지기 실참(實參)이어야 하고, 깨달음은 모름지기 실다운 깨달음(實悟)이어야 한다. 이 오랑캐는, 곧바로 모름지기 친히 일견(一見)을 해야 비로소 얻는 것이다. 그러나 친견을 말한다면 이미 두 개가 되어버린다.

頌曰: 癡人面前, 不可說夢. 胡子無鬚, 惺惺添懵.

송(頌)으로 이른다.

어리석은 사람의 면전에서 꿈 얘기를 하지 말라. 오랑캐는 수염이 없다는 말, 밝고 분명한 것을 흐리멍덩하게 만들어 버렸다.

*   혹암 사체(或庵師體 1108~1179): 초산 사체(焦山師體). 남송대(南宋代) 스님. 초산은 주석 지명. 속성은 나(羅)씨. 태주(台州) 출신. 호국 경원(護國景元)의 법사로서 초산(焦山) 등에 머묾. 타고난 성품이 거칠고 소탈하여 무슨 일이든지 닥치는 대로 도맡아보니 위아래 도반들이 '체란요(體亂擾: 정신없이 바쁜 사체)'라고 불렀다. 스님의 열반 게송은 다음과 같다.

"쇠나무에 꽃이 피니, 수탉이 알을 낳네(鐵樹開華 雄鷄生卵)

일흔 두 해 만에야 요람의 줄을 끊누나(七十二年 搖籃繩斷)"

5. 향엄이 나무에 오르다(香嚴上樹)

香嚴和尙云, 如人上樹, 口啣樹枝, 手不攀枝, 脚不踏樹, 樹下有人, 問西來意, 不對卽違他所問, 若對又喪身失命, 正恁麼時, 作麼生對.

　향엄 화상이 말했다.
　"그대가 나무에 올라가서 입으로 나뭇가지를 문 채 손으로도 가지를 잡지 않고 발로도 나무를 딛지 않고 있는데, 그때 나무 아래의 어떤 사람이 '(달마)조사가 서쪽에서 오신 뜻'을 묻는다고 하자. 대답하지 않으면 그가 묻는 바에 어긋나고, 만약 대답한다면 떨어져 죽을(喪失身命) 것이다. 바로 이러한 때 (그대는) 어떻게 대할 것인가?"

無門曰: 縱有懸河之辯, 總用不著, 說得一大藏教, 亦用不著. 若向者裏對得著, 活卻從前死路頭, 死卻從前活路頭. 其或未然, 直待當來問彌勒.

무문이 평한다.

　비록 물 흐르는 듯 뛰어난 변재(辯才)가 있더라도 모두 소용없고, 부처님의 일대장경을 모두 다 말할 수 있다 하더라도 또한 아무 소용없다. 만약 여기에(이 화두에) 대하여 답함을 얻으면 이전까지 죽어있던 것을 살리기도 하고, 이전까지 살아있던 것을 죽이기도 할 것이다. 아직 그렇지 못하다면 곧 마땅히 당래(다음 세상)를 기다려 미륵에게 물어라.

頌曰: 香嚴真杜撰, 惡毒無盡限. 啞卻衲僧口, 通身迸鬼眼.

송(頌)으로 이른다.

　　향엄은 정말로 두찬이고 악독하기가 이를 데 없다. 납승의 입을 벙어리로 만들고 온몸에서 귀신 눈을 쫓아낸다.

*　　두찬(杜撰): 두묵이 지은 작품이란 뜻으로 전거(典據)가 확실하지 못한 저술이나 틀린 곳이 많은 작품을 말한다.

6. 세존이 꽃을 들다(世尊拈花)

世尊昔在靈山會上, 拈花示衆. 是時衆皆默然. 惟迦葉尊者, 破顏微笑. 世尊云, 吾有正法眼藏, 涅槃妙心, 實相無相, 微妙法門, 不立文字, 敎外別傳, 付囑摩訶迦葉.

세존께서 옛날 영산회상에서 꽃을 들어 대중에게 보이셨다. 이때 대중이 모두 묵묵했는데, 오직 가섭 존자만이 빙긋이 웃었다.

세존께서 말씀하시기를,

"내게 정법의 눈을 갖추고(正法眼藏), 열반에 이른 미묘한 마음(涅槃妙心)과 상이 없는 마음(實相無相)인 미묘한 법문이 있다. 이것은 문자를 세우지 않고, 교설 외에 따로 전한다. 이를 마하가섭에게 부촉하노라."

無門曰: 黃面瞿曇, 傍若無人, 壓良爲賤, 懸羊頭賣狗肉. 將謂多少奇特, 只如當時大衆都笑, 正法眼藏, 作麼生傳. 設使迦葉不笑, 正法眼藏, 又作麼生傳. 若道正法眼藏有傳授, 黃面老子, 誑諞閭閻. 若道無傳授, 爲甚麼獨許迦葉.

무문이 평한다.

누런 얼굴의 구담(Gautama)은 방약무인(곁에 사람이 없는 듯)하게 양민(良民)을 억눌러 천민(賤民)으로 만들고, 양의 머리를 걸어놓고 개고기를 파는구나! 제법 기특하다 할 수 있으나, 만약 그때 대중들이 모두 웃었다면 정법안장은 어떻게 전하고, 또한 만일 가섭이 웃지 않았더라면 정법안장은 또 어떻게 전했을까?

만약 정법안장이 전하여 줄 수 있는 것이라고 말한다면 이 누런 얼굴 노인네가 세상 사람들을 속인 것이고, 만약 정법안장이 전해 줄 수 없는 것이라고 말한다면 어째서 유독 가섭에게만 허락하였는가?

頌曰: 拈起花來, 尾巴已露. 迦葉破顏, 人天罔措.

송(頌)으로 이른다.

꽃을 들어 올리매 이미 꼬리가 드러났다. 가섭은 빙긋이 웃는데 인간과 천상 사람은 어쩔 줄을 모른다.

7. 조주의 발우 씻기(趙州洗鉢)

趙州, 因僧問, 某甲乍入叢林, 乞師指示. 州云, 喫粥了也未. 僧云, 喫粥了也. 州云, 洗缽盂去. 其僧有省.

조주 스님에게 한 승이 물었다.
"저는 이제 막 총림에 들어 왔습니다. 스님의 지도를 부탁드립니다.
조주 스님이 말했다.
"죽은 먹었느냐?"
승이 말했다.
"먹었습니다."
조주 스님이 말했다.
"발우를 씻어라."
그 승이 살피는 바가 있었다.

無門曰: 趙州開口見膽, 露出心肝, 者僧聽事不眞, 喚鐘作甕.

무문이 평한다.

조주는 입을 열어 쓸개를 내보이고 심장과 간마저 드러냈지만, 이 승(僧)이 듣고도 모르니, 종(鐘)을 항아리(甕)라고 하는 셈이다.

頌曰: 只爲分明極, 翻令所得遲. 早知燈是火, 飯熟已多時.

송(頌)으로 이른다.

　　다만 너무나 분명함이, 도리어 얻는 바를 더디게 한다.
일찍이 등불이 불 인줄 알았다면 밥 익은지는 이미 오래 되
었음을 알리라.

8. 해중의 수레 만들기(奚仲造車)

月庵和尚問僧, 奚仲造車一百輻, 拈卻兩頭, 去卻軸, 明甚麼邊事.

월암 화상이 한 승에게 물었다.
"해중(奚仲)이 백 개의 바퀴살이 들어가는 수레를 만들면서 두 바퀴도 뽑아버리고 바퀴 축도 떼어버린 것은 어떤 일을 밝히려는 것인가?"

無門曰: 若也直下明得, 眼似流星, 機如掣電.

무문이 평한다.

만약 직하에 분명히 얻는다면, 안목(眼目)은 유성(流星)같고, 기틀은 번갯불(掣電)과 같으리라.

頌曰: 機輪轉處, 達者猶迷. 四維上下, 南北東西.

송(頌)으로 이른다.

기륜(機輪)이 구르는 곳에는 달도인도 오히려 헤맨다.
사유상하(四維上下)에 동서남북이다.

*   해중: 중국의 상고시대인 하(夏)나라 사람으로 소나 말이 끄는 수레를 처음 발명한 사람으로 전해짐.

*   기륜: 기계의 바퀴. 여기서는 선기(禪機).

*   사유(四維): 동서남북 사방의 간방(서북, 서남, 동북, 동남).

9. 대통지승불(大通智勝佛)

興陽讓和尙, 因僧問, 大通智勝佛, 十劫坐道場, 佛法不現前, 不得成佛道時如何. 讓曰, 其問甚諦當. 僧云, 旣是坐道場, 爲甚麼不得成佛道. 讓曰, 爲伊不成佛.

　　흥양 양 화상에게 한 승이 물었다.
　　"대통지승불이 십 겁(劫) 동안 도량(道場)에 앉았어도 불법이 현전하지 않아서 불도를 이룰 수 없었다는데 이러할 때는 어떻습니까?"
　　양 화상이 말했다.
　　"그 물음이 꽤나 살핌이 있어 합당해 보이는구나!"
　　승이 말했다.
　　"이미 도량에 앉았는데 어째서 불도를 이룰 수 없었습니까?"
　　양 화상이 말했다.
　　"저가 성불하지 않기 때문이다."

無門曰: 只許老胡知, 不許老胡會. 凡夫若知卽是聖人, 聖人若會卽是凡夫.

무문이 평한다.

　　다만 늙은 오랑캐의 앎(반야지)은 허락하나, 늙은 오랑캐의 이해(알음알이)는 허락되지 않는다. 범부라도 만약 알았으

28

면(知) 곧 성인이요, 성인이라도 만약 알음알이로 이해한다면 곧 범부다.

頌曰: 了身何似了心休, 了得心兮身不愁, 若也身心俱了了, 神仙何必更封侯.

송(頌)으로 이른다.

　　몸을 닦는 것이 어찌 마음을 닦아 쉬는 것만 하겠는가? 마음을 료달하면 몸을 근심하지 않나니, 만약 몸과 마음을 모두 료달하면 신선에게 봉후(벼슬)가 다시 무슨 필요가 있겠는가?

* 　흥양청양(興陽淸讓, 814~): 백장 선사의 오대 법손.

* 　대통지승불(大通智勝佛): 대통(大通)이란 본래 걸림없이 통달해 있다는 뜻이고, 지승(智勝)이란 완전하고 밝은 지혜를 말한다. 이 대통지승불(大通智勝佛)은「법화경」<화성유품>에 나오는데, 대통지승불은 수명이 540만억 나유타겁이다. 이 불이 도량에 앉아 마군을 파하고, 아뇩다라삼먁삼보리를 얻고자 하였으되 불법이 현전하지 않았다. 그리하여 다시 10겁을 가부좌하고 앉아 심신을 동하지 않았지만 역시 불법이 현전하지 않았다. ...... 여기서는 도대체 왜 그런가? 하면서 이것을 화두로 인용해 사용하고 있다.
　　어떤 스님이 임제선사께 이에 대해 물으니 임제선사는 다음과 같이 말씀하셨다. "대통이란 스스로 곳곳에서 만법이

성품도 없고 모습도 없음을 통달함이니 이름하여 대통(大通)이라 하고, 지승(智勝)이란 온갖 곳에서 한 법도 얻지 못한다는 것에 의심 없음이니 이름하여 지승(智勝)이라 하며, 부처란 마음의 청정한 광명이 법계를 꿰뚫어 사무침이니 이름하여 부처라 한다.

십겁 동안 도량에 앉아 있었다 함은 십바라밀을 뜻하는 것이요, 불법이 나타난 적도 없다 함은 부처는 본래 남이 없고 법은 본래 멸함이 없기 때문이니 어찌 다시 나타날 수가 있으리오. 불도를 이룬 적도 없다 함은 부처가 다시 부처를 이루지 못함이니 옛사람이 말하기를 '부처는 항상 세간에 있으면서도 세간법에 물듦이 없다.' 하였느니라."

10. 청세의 외롭고 가난함(清税孤貧)

曹山和尚, 因僧問云, 清税孤貧, 乞師賑濟. 山云, 税闍梨. 税應諾. 山曰, 青原白家酒, 三盞喫了, 猶道未沾唇.

조산 화상에게 승(僧)이 묻기를,
"저, 청세는 외롭고 가난하니 스님께서 불쌍히 여겨 도와주십시오."
조산이 말했다.
"세(税) 사리(闍梨)!"
청세가 "네." 하고 대답했다.
조산이 말했다.
"청원의 백가주를 석 잔이나 마시고는 오히려 아직 입술도 적시지 않았다고 하는구나!"

 : 税輸機, 是何心行. 曹山具眼, 深辨來機. 然雖如是, 且道, 那裏是税闍梨喫酒處.

무문이 평한다.

청세의 행동은 이 무슨 심사인가? 조산은 안목이 있어 상대의 기틀을 깊이 간별했다. 비록 그렇다 하더라도 한번 일러 보라. 어느 곳이 세(税)사리(闍梨)가 술을 마신 곳인가?

頌曰: 貧似范丹, 氣如項羽. 活計雖無, 敢與鬪富.

송(頌)으로 이른다.

가난하기는 범단(范丹)과 흡사하고 기개는 항우(項羽)와 같다. 살아갈 계책이 비록 없으나 감히 더불어 부(富)를 다툰다.

*   사리(闍梨): 아사리(阿闍梨)의 준말로 제자에게 바른 행을 가르치는 규범사. 여기서는 가벼운 존칭으로 쓰고 있음.

*   범단: 후한(後漢) 시대에 청빈안락(淸貧安樂)으로 이름이 높은 선비.

*   항우: 중국 진나라 말기 군인이자, 초나라의 군주. 항우장사라는 말이 있듯이, 하늘이 내린 무인(武人)이라 한다.

11. 조주가 암주를 시험하다(州勘庵主)

趙州到一庵主處問, 有麼有麼. 主豎起拳頭. 州云, 水淺不是泊舡處, 便行. 又到一庵主處云, 有麼有麼. 主亦豎起拳頭. 州云, 能縱能奪, 能殺能活, 便作禮.

　　조주 스님이 한 암주의 처소에 이르러 물었다.
　　"있는가? 있는가?"
　　그러자 암주는 주먹을 들어 보였다.
　　조주가 말했다.
　　"물이 얕아 배를 댈만한 곳이 못된다!"
　　하고는 곧 가버렸다.
　　또 다른 암주의 처소에 이르러 물었다.
　　"있는가? 있는가?"
　　그러자 그 암주 역시 주먹을 들어 보였다.
　　조주가 말했다.
　　"능히 놓아주기도 하고 능히 빼앗기도 하며, 능히 죽이기도 하고 능히 살리기도 하는구나!" 하고는 곧 절을 했다.

無門曰: 一般豎起拳頭, 為甚麼肯一箇, 不肯一箇. 且道, 誵訛在甚處. 若向者裏下, 得一轉語, 便見趙州舌頭無骨, 扶起放倒, 得大自在. 雖然如是, 爭奈趙州卻被二庵主勘破. 若道二庵主有優劣, 未具參學眼, 若道無優劣, 亦未具參學眼.

무문이 평한다.

주먹을 들어 보인 것은 매한가지인데 어째서 한쪽은 긍정하고 한쪽은 긍정하지 않았는가? 자, 일러보라. 잘못이 어디에 있는가?

(그대가) 만약 여기에서 일전어(한 마디 뒤집는 말)를 할 수 있다면 곧 조주의 혀끝에는 뼈가 없어서, 붙들어 일으키고 놓아 넘어뜨림에 (조주가) 대자재를 얻은 것을 볼 것이다. 비록 그렇다 하더라도 조주가 도리어 두 암주에게 간파(看破) 당했음을 어찌 하겠는가?

만약 두 암주에게 우열이 있다고 한다면 아직 공부하는 안목을 갖추지 못한 것이고, 만약 우열이 없다고 한다면 이 또한 아직 공부하는 안목을 갖추지 못한 것이다.

頌曰: 眼流星, 機掣電. 殺人刀, 活人劍.

송(頌)으로 이른다.

안목은 유성 같고, 기틀은 번개와 같다. 사람을 죽이는 칼이요, 사람을 살리는 검이다.

34

12. 서암이 주인공을 부르다(巖喚主人)

瑞巖彦和尚, 每日自喚主人公, 復自應諾. 乃云, 惺惺著, 喏, 他時異日, 莫受人瞞, 喏喏.

　　서암 언 화상은 매일 스스로를 불러 "주인공아!" 하고는, 다시 스스로 답하길, "예!" 하였다. 이어서 말하기를, "깨어있어라!", "예!", "다른 날 남들에게 속임을 받지 말아라!", "예, 예!" 하고 말하였다.

無門曰: 瑞巖老子, 自買自賣, 弄出許多神頭鬼面, 何故. 聻, 一箇喚底, 一箇應底, 一箇惺惺底, 一箇不受人瞞底, 認著依前還不是, 若也傚他, 總是野狐見解.

무문이 평한다.

　　서암 노장은 스스로 사고 스스로 팔면서 허다한 신두귀면(神頭鬼面)을 농출(장난스럽게 내어 놓으니)하니 무슨 까닭인가? 니(聻)~, 하나는 부르고, 하나는 응답하고, 하나는 '깨어있거라' 하고, 하나는 남들의 속임을 받지 말라고 하는데, 이런 것들을 인정하여 집착하면(認著) 여전히(依前) 또한 옳지 못하고, 만약 또한 그를 흉내낸다면 모두 들여우의 견해이다.

頌曰: 學道之人不識真, 只為從前認識神. 無量劫來生死本, 癡人喚作本來人.

송(頌)으로 이른다.

도를 배우는 사람이 진실을 알지 못하는 것은 다만 예전부터 식신(識神)을 자기로 알기 때문이다. 무량겁 이래로 나고 죽는 생사의 근본을 어리석은 사람들은 본래의 자기라고 부른다.

*   신두귀면(神頭鬼面): 광대놀이 가면극에서 이런 저런 귀신 머리, 얼굴 등의 탈바가지를 쓰고, 서로를 부르고 대답하며 하는 촌극을 서암스님의 행동에 빗대어 표현함.

*   니(聻): 불러서 주의를 상기시키는 소리, '애비~' 하는 것처럼.

13. 덕산이 발우를 들고 가다(德山托鉢)

德山一日托鉢下堂, 見雪峰問, 者老漢, 鐘未鳴, 鼓未響, 托鉢向
甚處去, 山便回方丈. 峰擧似巖頭, 頭云, 大小德山, 未會末後句.
山聞, 令侍者喚巖頭來, 問曰, 汝不肯老僧那. 巖頭密啟其意, 山
乃休去. 明日陞座, 果與尋常不同. 巖頭至僧堂前, 拊掌大笑云,
且喜得老漢會末後句. 他後天下人, 不奈伊何.

　　덕산 스님이 하루는 발우를 들고 식당으로 내려가는데,
이를 본 설봉이 "노스님, 종도 아직 울리지 않았고 북도 아직
치지 않았는데 발우를 들고 어디로 가시는 겁니까?" 하고 묻
자, 덕산은 곧 방장(方丈)으로 돌아갔다.
　　설봉이 이 일을 암두에게 말하자 암두는 "대단하다는 덕
산 스님도 아직 마지막 구절을 모르는구나!" 라고 말했다. 덕
산 스님이 그 말을 듣고 시자를 시켜 암두를 불러 오게 하고
는 "네가 이 늙은이를 긍정하지 않느냐?"라고 물었다. 암두가
남몰래 그 뜻을 말씀드리자 덕산 스님은 곧 그만두었다.
　　다음날 법좌에 오르니 과연 평소와는 같지 않았다. 암두
가 승당(僧堂) 앞에 이르러 손뼉을 치고 크게 웃으며 말하기
를, "기쁘게도, 노인네가 마지막 구절을 알았도다. 이제부터
천하의 누구도 저 노장을 어쩌지 못할 것이다." 하였다.

無門曰: 若是末後句, 巖頭德山俱未夢見在. 撿點將來, 好似一棚
傀儡.

무문이 평한다.

만약 마지막 구절이라면 암두와 덕산 모두 아직 꿈에도 보지 못했다. 자세히 점검해 보니 마치 한바탕의 꼭두각시 놀음(괴뢰) 같다.

頌曰: 識得最初句, 便會末後句, 末後與最初, 不是者一句.

송(頌)으로 이른다.

최초구를 알면 곧 말후구를 안다. 말후구와 최초구는 이 일구(一句)가 아니다.

* 괴뢰(傀儡): 사람이 줄로 조종하는 허수아비 인형.

14. 남전이 고양이를 베다(南泉斬猫)

南泉和尚, 因東西兩堂爭貓兒, 泉乃提起云, 大衆, 道得即救, 道不得即斬卻也. 衆無對, 泉遂斬之. 晚趙州外歸, 泉舉似州. 州乃脫履, 安頭上而出. 泉云, 子若在, 即救得貓兒.

남전 화상은 동당(東堂)과 서당(西堂) 스님들이 고양이를 가지고 다투기에 고양이를 잡아들고 말했다.

"대중들이여, 한 마디 이른다면 살려줄 것이요, 이르지 못한다면 베어버리겠다."

대중들이 대답이 없자 남전은 마침내 고양이를 베어버렸다.

저녁에 조주가 밖에서 돌아오매 남전은 조주에게 이 일을 들려주니, 조주는 곧장 신을 벗어 머리에 이고는 나가버렸다. 남전이 말했다.

"만약 자네가 있었다면 그 고양이를 구할 수 있었을 텐데…"

無門曰: 且道. 趙州頂草鞋意作麼生. 若向者裏下得一轉語, 便見南泉令不虛行. 其或未然, 險.

무문이 평한다.

자, 일러 보라. 조주가 짚신을 머리에 인 뜻이 무엇인가? 만약 여기에서 한 마디를 할 수 있다면 곧 남전의 명령이 헛

되이 행해진 것이 아님을 알리라. 만약 그렇지 않다면, 위험하다(險)!

頌曰: 趙州若在, 倒行此令. 奪卻刀子, 南泉乞命.

송(頌)으로 이른다.

　　조주가 만약 있었다면 그 명령을 거꾸로 행했을 것이다. 도리어 칼을 뺏어 든다면 남전이 목숨을 구걸했겠지.

15. 동산의 세 방망이(洞山三頓)

雲門因洞山參次, 門問曰, 近離甚處. 山云, 查渡. 門曰, 夏在甚處. 山云, 湖南報慈. 門曰, 幾時離彼. 山云, 八月二十五. 門曰, 放汝三頓棒. 山至明日, 卻上問訊. 昨日蒙和尚放三頓棒. 不知過在甚麼處. 門曰, 飯袋子, 江西湖南, 便恁麼去. 山於此大悟.

　　운문 스님에게 동산이 가르침을 받으러 왔을 때에 운문이 물었다.
　　"최근에 어디를 떠나왔는가?"
　　동산이 말했다.
　　"사도에서 왔습니다."
　　운문이 말했다.
　　"하안거에는 어디에 있었는가?"
　　동산이 말했다.
　　"호남의 보자사에 있었습니다."
　　운문이 말했다.
　　"언제 거기를 떠났는가?"
　　동산이 말했다.
　　"8월 25일에 떠났습니다."
　　운문이 말했다.
　　"네게 삼돈방(세 차례 방망이질)을 내릴 것을 용서해 주겠다."
　　동산이 다음 날 다시 찾아가 문안을 드리면서 물었다.
　　"어제 화상께서 삼돈방을 용서해 주셨습니다만, 허물이 어디에 있는지 모르겠습니다."

운문이 말했다.

"이 밥통아! 강서 호남으로 그렇게 돌아다녔느냐?"

동산은 이에 크게 깨달았다.

無門曰: 雲門當時, 便與本分草料, 使洞山別有生機一路, 家門不
致寂寥. 一夜在是非海裏著到, 直待天明再來, 又與他注破, 洞山
直下悟去, 未是性燥. 且問諸人, 洞山三頓棒, 合喫不合喫. 若道
合喫, 草木叢林, 皆合喫棒. 若道不合喫, 雲門又成誑語. 向者裏
明得, 方與洞山出一口氣.

무문이 평한다.

　　운문이 당시에 곧바로 본분초료(本分草料)를 주어, 동산으
로 하여금 따로 활기를 생할 한길(一路)을 있게 했다면, 가문
이 쓸쓸해지지(寂寥) 않았을 것이다. 하룻밤을 시비(是非)의
바다 속에 빠져 있다가, 곧바로 날이 밝음을 기다려 다시 오
매, 또다시 그에게 가르침을 베푸니, 동산이 즉시 깨달았으나
이것을 아직 영리하다고 할 수는 없다.

　　자! 여러분에게 묻겠다. 동산이 삼돈방을 맞았어야 했겠
는가? 맞지 않았어야 했겠는가? 만약 맞아야 한다면 초목과
수풀도 모두 방망이를 맞아야 할 것이고, 만약 맞지 않아야
한다면 운문은 또한 헛소리를 한 것이다. 여기에서 분명히 얻
는다면 무릇 동산과 더불어 한 입으로 호흡하는 것이다.

頌曰: 獅子教兒迷子訣, 擬前跳躑早翻身. 無端再敍當頭著, 前箭
猶輕後箭深.

송(頌)으로 이른다.

　　사자는 새끼를 가르침에 미자결(迷子訣, 자식을 미혹케 하는 방법)을 쓰나니, (새끼가) 앞으로 뛰려고 머뭇거리자마자 얼른 몸을 뒤집어 떨어뜨려 버린다. 끝없이 다시 베풀어 당두착(當頭著, 요긴한 곳에 바둑돌을 딱 놓음)하니, 앞 화살은 오히려 가벼웠으나 뒷 화살은 깊도다.

16 . 종소리와 칠조 가사(鐘聲七條)

雲門曰, 世界恁麼廣闊, 因甚向鐘聲裏披七條.

　　운문 스님이 말했다.
　　"세계가 이렇게 드넓은데 어째서 종소리에 칠조 가사를 입는가?"

無門曰: 大凡參禪學道, 切忌隨聲逐色. 縱使聞聲悟道, 見色明心, 也是尋常, 殊不知衲僧家, 騎聲蓋色, 頭頭上明, 著著上妙. 然雖如是, 且道, 聲來耳畔, 耳往聲邊. 直饒響寂雙忘, 到此如何話會. 若將耳聽應難會, 眼處聞聲方始親.

무문이 평한다.

　　대개 참선하여 도를 배우는데 있어서 가장 꺼리는 것이 소리를 따르고 색을 쫓는 것이다. 비록 소리를 듣고 도를 깨닫고 색을 보아 마음을 밝혔다 해도 그것은 귀한 것이 못된다. (그것과는) 다르게 선가(禪家)의 집안에서는 소리를 올라타고 색을 뒤덮어 하나하나에 밝고 하는 일마다 묘한 경지를 연다는 것을 사람들은 알지 못한다.
　　비록 그렇다 하더라도, 자 일러보라. 소리가 귓전으로 오는 것인가, 귀가 소리 쪽으로 가는 것인가? 비록 소리와 고요함을 쌍으로 잊을지라도 이에 이르러 어떻게 이야기할 것인가? 만약 귀로 듣는다면 알기 어렵고 눈으로(眼處에서) 소리를 들어야 비로소 가까우리라.

頌曰: 會則事同一家, 不會萬別千差. 不會事同一家, 會則萬別千差.

송(頌)으로 이른다.

깨달으면 곧 매사가 한 집안이요, 깨닫지 못하면 천차만별이다.

깨닫지 못하니 매사가 한 집안이요, 깨달으니 곧 천차만별이다.

17. 국사가 세 번 부르다(國師三喚)

國師三喚侍者, 侍者三應. 國師云, 將謂吾辜負汝, 元來卻是汝辜負吾.

　　국사(國師)가 세 번 시자(侍者)를 부르자 시자가 세 번 대답했다. 국사가 말하길, "내가 너를 배반하는지 알았는데 도리어 네가 나를 저버렸구나!"

無門曰: 國師三喚, 舌頭墮地, 侍者三應, 和光吐出. 國師年老心孤, 按牛頭喫草, 侍者未肯承當, 美食不中飽人餐. 且道, 那裏是他辜負處. 國淸才子貴, 家富小兒嬌.

무문이 평한다.

　　국사의 세 번 부름은 혀가 땅에 떨어짐이고, 시자의 세 번 대답은 빛과 함께 토해냄이다. 국사가 연로하여 마음이 외로웠는지 소머리를 눌러 풀을 먹이려 했건만, 시자는 받아들이지 않으니 맛있는 음식도 배부른 사람에게는 맞지가 않다.
　　자, 일러보라. 저 시자가 국사를 저버린 곳이 어디인가? 나라가 맑으면 재주 있는 사람이 귀하게 대접받고, 집안이 부유하면 아이들이 버릇이 없다.

頌曰: 鐵枷無孔要人擔, 累及兒孫不等閑. 欲得撐門幷拄戶, 更須赤腳上刀山.

송(頌)으로 이른다.

　　구멍 없는 쇠칼을 사람에게 짊어지어 놓았으니, 그 허물
이 자손에게 미쳐 등한하지가 않다. 선가(禪家)의 문호(門戶)
를 떠받치고자 한다면, 모름지기 맨발로 칼산을 올라가는 (그
놈)이어야 하리라.

18. 동산의 마삼근(洞山麻三斤)

洞山和尚, 因僧問, 如何是佛. 山云, 麻三斤.

　　동산 화상에게 어떤 승이 물었다.
　　"어떤 것이 부처입니까?"
　　동산이 말했다.
　　"마삼근(麻三斤)이다."

無門曰: 洞山老人, 參得些蚌蛤禪, 纔開兩片, 露出肝腸. 然雖如
是, 且道. 向甚處見洞山.

무문이 평한다.

　　동산 노인은 약간의 조개선(蚌蛤禪)을 얻어서 겨우 두 입
술을 열어도 속내를 다 드러내 보인다. 비록 그렇다 하더라도
자 일러보라. 어디에서 동산을 보는가?

頌曰: 突出麻三斤, 言親意更親. 來說是非者, 便是是非人.

송(頌)으로 이른다.

　　불쑥 내뱉은 마삼근, 말도 친절하지만 뜻은 더욱 친절하
다. 와서 시비하는 자가 바로 시비(是非)에 떨어진 사람이다.

19. 평상심이 도(平常是道)

南泉, 因趙州問, 如何是道. 泉云, 平常心是道. 州云, 還可趣向否. 泉云, 擬向即乖. 州云, 不擬爭知是道. 泉云, 道不屬知, 不屬不知. 知是妄覺, 不知是無記. 若眞達不擬之道, 猶如太虛廓然洞豁, 豈可强是非也. 州於言下頓悟.

남전 스님에게 조주가 물었다.
"어떤 것이 도입니까?"
남전이 말했다.
"평상심(平常心)이 도(道)다."
조주가 말했다.
"도리어 가히 향하여 나아갈 수 있겠습니까?"
남전이 말했다.
"헤아려 향하고자 하면 곧 어긋난다."
조주가 말했다.
"헤아리지 않는다면 어떻게 도(道)인 줄을 알겠습니까?"
남전이 말했다.
"도는 아는 것에도 속하지 않고, 모르는 것에도 속하지 않는다. 안다고 하는 것은 망령된 지각(妄覺)이요, 모른다는 것은 깜깜한 것(無記)이다. 만약 참으로 헤아리지 않는 도에 통달한다면 마치 허공과 같이 확연히 탁 트일 테니, 어찌 억지로 옳고 그름을 따지겠는가?"
조주는 언하에 몰록 깨달았다.

無門曰: 南泉被趙州發問, 直得瓦解冰消, 分疏不下. 趙州縱饒悟去, 更參三十年始得.

무문이 평한다.

　　남전 스님은 조주의 물음을 받고 곧바로 기왓장이 깨지고 얼음이 녹듯이 무너져 버려, 더 이상 말할 수가 없었다(分疏不下). 조주가 비록 깨달았다 하지만 다시 삼십 년은 더 참구해야 한다.

頌曰: 春有百花秋有月, 夏有涼風冬有雪. 若無閑事挂心頭, 便是人間好時節.

송(頌)으로 이른다.

　　봄에는 백화, 가을에는 밝은 달, 여름에는 서늘한 바람, 겨울에는 하얀 눈. 만약 이런저런 일들을 심두(心頭)에 걸어 두지 않는다면 문득 이것이 바로 인간에 좋은 시절이라.

* 　분소불하(分疏不下): 분소(구분)하여 내리지를 못하다. 지나친 친절로 도리어 남전이 면목을 잃고, 더 이상 이런저런 구분의 설명이 불가하다.

20. 큰 역량이 있는 사람(大力量人)

松源和尚云, 大力量人, 因甚擡脚不起. 又云, 開口不在舌頭上.

　　송원 화상이 말했다.
　　"큰 역량이 있는 사람이 어째서 다리를 들고 일어서지 못하는가?"
　　또 말했다.
　　"입을 열어 말한다는 것이 혀에 있는 것이 아니다."

無門曰: 松源可謂, 傾腸倒腹, 只是欠人承當. 縱饒直下承當, 正好來無門處喫痛棒, 何故. 釁, 要識眞金火裏看.

무문이 평한다.

　　송원은 창자를 기울이고 뱃속을 뒤집어 보였으나 다만 받아들이는 사람이 없다. 설령 곧바로 받아들였다하더라도 무문의 처소에 와서 매운 방망이를 맞는 것이 좋을 것이다. 무슨 까닭인가? 니(釁)~, 진금(眞金)인지 알려면 불 속에 넣어봐야 한다.

頌曰: 擡脚踏翻香水海, 低頭俯視四禪天. 一箇渾身無處著, 請續一句.

송(頌)으로 이른다.

    다리 들어 향수해(香水海)를 밟아 뒤집고 머리 숙여 사선천(四禪天)을 내려다본다. 이 한 개의 몸뚱이를 붙일 곳이 없으니 청하노니 한 구절을 속(續, 잇다)해 달라.

*   향수해(香水海): 고대 인도의 '수미산설'에는 이 세계의 공간적 구조를 구산팔해(九山八海)라고 설명하는데, 가운데 수미산이 있고 그 주위에 일곱 개의 산이 둘러싸고 있는데, 그 산 사이사이에 있는 일곱 바다들을 향수해(香水海, 내해)라 부르고, 이 바깥에 외해(外海)가 있고 마지막으로 이 모든 것을 철위산이 둘러싸고 있다고 함.

*   사선천(四禪天): 이 세계는 열반계(무위계)와 중생계(유위계)가 있는데, 이 중생계(유위계)에는 다시 욕계·색계·무색계의 삼계(三界)가 있다. 여기에서 사선천(四禪天)은 색계의 세계를 말하는 것으로서, 사선정(四禪定)을 닦아서 얻는 네 가지 선정의 하늘 세계(초선천, 이선천, 삼선천, 사선천).

21. 운문의 마른 똥 막대기(雲門乾屎橛)

雲門因僧問, 如何是佛. 門云, 乾屎橛.

　　운문 스님에게 어떤 승이 물었다.
　　"어떤 것이 부처입니까?"
　　운문이 말했다.
　　"마른 똥 막대기다."

無門曰: 雲門可謂, 家貧難辨素食, 事忙不及草書. 動便將屎橛來, 撑門拄戶, 佛法興衰可見.

무문이 평한다.

　　운문은 집안이 가난해서 나물밥도 차리기 어렵고, 일이 바빠 글을 흘려 쓸 틈도 없었다 하겠다. 걸핏하면 곧 똥 막대기를 가져다 문호(門戶)를 떠받치니 불법의 흥망성쇠를 가히 알 만하다.

無門曰: 閃電光, 擊石火. 眨得眼, 已蹉過.

송(頌)으로 이른다.

　　번갯불이 번쩍이는 것과 같고 불꽃이 튀는 것과 같다.
　　눈을 껌벅거리는 순간 이미 헛일이다.

22. 가섭의 찰간(迦葉刹竿)

迦葉因阿難問云, 世尊傳金襴袈裟外, 別傳何物. 葉喚云, 阿難.
難應諾. 葉云, 倒却門前刹竿著.

가섭 존자에게 아난이 물었다.

"세존께서 금란가사를 전하신 것 외에 따로 전하신 것이
무엇입니까?"

가섭이 "아난아!" 하고 부르니,

아난이 "예." 하고 대답했다.

가섭이 말했다.

"문 앞의 찰간을 넘어뜨려라!"

無門曰: 若向者裏, 下得一轉語親切, 便見靈山一會儼然未散. 其
或未然, 毘婆尸佛早留心, 直至而今不得妙.

무문이 평한다.

만약 여기에서 일전어를 하득하여 친절하게 한다면 문득
영산(靈山)의 법회가 아직도 엄연히 흩어지지 않았음을 볼 것이
다. 혹 그렇지 않다면 비바시불 때부터 일찍이 마음을 두었
더라도 지금에 이르도록 묘함을 얻지 못할 것이다.

頌曰: 問處何如答處親, 幾人於此眼生筋. 兄呼弟應揚家醜, 不屬
陰陽別是春.

송(頌)으로 이른다.

    묻는 곳이 어찌 답처의 친절함과 같으리요. 몇 사람이나 여기에서 눈에 힘줄이 생하겠는가(눈을 뜨겠는가)? 형의 부름에 동생이 대답하여 집안의 추태를 드날리니 음양(세상의 흘러감)에 속하지 않는 특별한 봄이다!

*   찰간(刹竿): 큰 절 앞에 세우는 깃대와 비슷한 물건. 예전에 덕이 높은 스님이 있음을 사람들에게 알리기 위하여 세웠다.

*   비바시불(毘婆尸佛): 석가모니 부처님 이전에 계셨던 부처님으로, 과거칠불(석가모니 부처님을 포함한 일곱 분 부처님) 가운데 첫 번째 부처님.

23. 선도 악도 생각지 말라(不思善惡)

六祖因明上座趁至大庾嶺, 祖見明至, 即擲衣缽於石上云, 此衣表信, 可力爭耶. 任君將去. 明遂舉之, 如山不動. 踟躕悚慄, 明曰, 我來求法, 非為衣也. 願行者開示. 祖云, 不思善, 不思惡. 正與麼時, 那箇是明上座本來面目. 明當下大悟, 遍體汗流, 泣淚作禮問曰, 上來密語密意外, 還更有意旨否. 祖曰, 我今為汝說者, 即非密也. 汝若返照自己面目, 密卻在汝邊. 明云, 某甲雖在黃梅隨衆, 實未省自己面目, 今蒙指授入處, 如人飲水, 冷暖自知. 今行者即是某甲師也. 祖云, 汝若如是, 則吾與汝同師黃梅. 善自護持.

육조는 명 상좌가 쫓아와 대유령에 이른 것을 보고 곧 가사와 발우를 돌 위에 던져놓고 말했다.

"이 옷은 믿음을 표시하는 것이니 가히 힘으로 다툴까보냐? 그대에게 가져감을 맡기겠다."

명 상좌가 마침내 그것을 들어 올리려 했으나 산처럼 움직이지 않았다. 머뭇거리며(踟躕) 두려움(悚慄)이 들어 명 상좌는 말했다.

"저는 법을 구하러 온 것이지, 옷을 위한 것이 아닙니다. 원컨대 행자께서는 (법을) 열어 보여주소서."

육조가 말했다.

"선도 생각하지 말고 악도 생각하지 마시오. 바로 이러한 때에 어떤 것이 명 상좌의 본래면목인가?"

명 상좌가 그 자리에서 크게 깨닫고는 온 몸에 땀을 흘리고 눈물을 쏟으며 예를 짓고 물었다.

"좀 전의 비밀한 말씀과 비밀한 뜻 외에 또 다른 어떤 가르침이 있습니까?"

육조가 말했다.

"내가 지금 그대를 위해 말한 것은 비밀이 아니오. 그대가 만약 자기의 본래면목을 반조해보면 비밀은 오히려 그대 쪽에 있소."

명 상좌가 말했다.

"제가 비록 황매의 회상에서 대중을 따랐으나 실로 자기의 본래면목을 살피지 못했는데, 이제 들어갈 곳을 가르쳐 주심을 입으니, 마치 사람이 물을 마시매 차고 더움을 스스로 아는 것과 같습니다. 이제 행자께서 바로 저의 스승이십니다."

육조가 말했다.

"그대가 만약 그러하다면 곧 나와 더불어 그대는 함께 황매를 스승으로 모시는 것이오. 스스로 잘 호지하시오."

無門曰: 六祖可謂, 是事出急家, 老婆心切. 譬如新荔支, 剝了殼, 去了核, 送在爾口裏, 只要爾嚥一嚥.

무문이 평한다.

육조에게 이 일은 급할 때에 나와서 노파심절(노파심이 간절)하게 되었다고 말할 수 있겠다. 비유컨대 신선한 여지(荔支, 과일의 일종)를 껍질도 벗기고 씨도 빼서 그대의 입 안에 넣어 준 것과 같으니, 다만 그대는 한 번 삼키기만 하면 된다.

頌曰: 描不成兮畫不就, 讚不及兮休生受. 本來面目沒處藏, 世界壞時渠不朽.

송(頌)으로 이른다.

　　(그것은) 묘사할 수도 없고 그릴 수도 없고 칭찬도 못 미치니 생수(生受, 6근문으로 받아들임을 생함, 즉 분별)함을 쉴지어다. 본래면목은 어느 곳에 간직할 수 없으니 세계가 무너질 때도 그 자리는 썩는 것이 아니니라.

24. 언어를 떠나서(離却語言)

風穴和尚, 因僧問, 語默涉離微, 如何通不犯. 穴云, 長憶江南三月裏, 鷓鴣啼處百花香.

　　풍혈 화상에게 한 승이 물었다.
　　"말하는 것도, 침묵하는 것도 이미(離微, 적묵의 극단과 언어의 극단, 無와有)에 걸리니 어떻게 하면 범하지 않고 통(通)하겠습니까?"
　　풍혈이 말했다.
　　"항상 강남의 3월을 기억하나니, 자고새 우는 곳에 백화가 향기롭다!"

無門曰: 風穴機如掣電, 得路便行, 爭奈坐前人舌頭不斷. 若向者裏見得親切, 自有出身之路. 且離卻語言三昧, 道將一句來.

무문이 평한다.

　　풍혈의 기틀은 번개 같아서 길을 얻으면 곧바로 간다. 그렇지만 (그가) 전인(옛 사람)의 혀끝(법문)에 주저앉아 끊지 못함을 어찌하겠는가! 만약 여기에서 보아 얻음을 친절히 할 것 같으면 스스로 몸을 내어 나가는 길이 생길 것이다. 자, 언어 삼매(말재주)를 떠나서 한 마디 일러 보라.

頌曰: 不露風骨句, 未語先分付. 進步口喃喃, 知君大罔措.

송(頌)으로 이른다.

  (풍혈은) 종풍의 골격을 드러내지 않고 말하기 전에 이미 전해 주었다. (그것을 알지 못하고) 나아가 걸으며 입을 나불 거린다면, (그것은) 그대가 크게 부끄러워해야 할 것(罔措)임을 알아야 한다.

25. 삼좌의 설법(三座說法)

仰山和尙, 夢見往彌勒所, 安第三座. 有一尊者, 白槌云, 今日當第三座說法. 山乃起白槌云, 摩訶衍法, 離四句, 絶百非, 諦聽諦聽.

앙산 화상이 꿈에 미륵의 처소에 가서 세 번째 자리에 앉게 되었다. 그때 한 존자가 백추를 하고는 말했다.
"오늘은 세 번째 자리에 앉은 분이 설법할 차례입니다."
앙산은 이에 백추를 하고는 말했다.
"대승(摩訶衍)의 법은 사구(四句)를 떠나고 백비(百非)가 끊겼으니 자세히 듣고 자세히 들으시오!"

無門曰: 且道. 是說法不說法. 開口卽失, 閉口又喪. 不開不閉, 十萬八千.

무문이 평한다.

자, 일러보라. 이것이 설법을 하는 것인가, 설법을 하지 않는 것인가? 입을 열면 곧 실(失, 잃고)이 되고, 입을 닫아도 또한 상(喪, 죽고)한다. 입을 열지도 닫지도 않는다 해도 (이것은) 십만 팔천리 떨어진 것이다.

頌曰: 白日靑天, 夢中說夢. 捏怪捏怪, 誑諕一衆.

송(頌)으로 이른다.

푸른 하늘 맑은 대낮에 꿈속에서 꿈을 설한다. 날괴날괴로다(해괴하고 해괴하다). 한 무리 대중을 속이는구나.

* 　사구백비(四句百非): 진리는 모든 분별이 끊어진 상태이므로 사구백비라고 하는데, 사구(四句)의 분별도 떠나고 백비(百非)의 부정도 끊어진 상태라는 뜻이다.

26. 두 승이 발을 말아 올리다(二僧卷簾)

清凉大法眼, 因僧齋前上參, 眼以手指簾. 時有二僧, 同去卷簾. 眼曰, 一得一失.

　　청량의 대법안 스님께 점심 공양 전에 스님들이 찾아왔다. 법안 스님이 손으로 발(簾)을 가리키니, 그때에 두 스님이 함께 가서 발을 말아 올렸다.
　　법안이 말했다. "하나는 얻었고, 하나는 잃었다."

無門曰: 且道. 是誰得誰失. 若向者裏著得一隻眼, 便知清凉國師 敗闕處. 然雖如是, 切忌向得失裏商量.

무문이 평한다.

　　자, 일러보라. 누가 얻고 누가 잃었는가? 만약 여기에서 일척안을 얻으면 곧바로 청량국사의 허물된 곳을 알 것이다. 비록 그렇다 해도 부디 득실을 헤아려 분별사량을 하지 말아라.

頌曰: 卷起明明徹太空, 太空猶未合吾宗. 爭似從空都放下, 綿綿密密不通風.

송(頌)으로 이른다.

　　말아 올리니 밝고 밝아 태공에 사무치나 태공도 오히려

나의 종(宗旨)에 합하지 않는다. 어찌 공을 쫓아 모두 놓아버리고 면면밀밀하여 바람조차 통하지 못하는 것과 같을 수 있겠는가?

27. 마음도 부처도 아니다(不是心佛)

南泉和尚, 因僧問云, 還有不與人說底法麼. 泉云, 有. 僧云, 如何 是不與人說底法. 泉云, 不是心, 不是佛, 不是物.

    남전 화상에게 한 승이 물었다.
    "도리어 사람에게 설하지 않은 법이 있습니까?"
    남전이 말했다.
    "있다."
    승이 말했다.
    "어떤 것이 사람에게 설하지 않은 법입니까?"
    남전이 말했다.
    "마음도 아니고, 부처도 아니고, 물건도 아니다."

無門曰: 南泉被者一問, 直得揣盡家私, 郎當不少.

무문이 평한다.

    남전은 이 한 질문을 받고 곧바로 자기 살림살이의 헤아
림을 다하니(잊어버리니) 낭패가 적지 않다.

頌曰: 叮嚀損君德, 無言眞有功. 任從滄海變, 終不爲君通.

송(頌)으로 이른다.

    너무 친절한 것도 상대의 덕을 손상시키니, 말 없는 것

에 참으로 공덕이 있다. 푸른 바다가 변하는 것을 쫓아 맡기더라도(바다가 육지로 변하더라도) 끝내 그대를 위해 (이 소식을) 통해주지 못하겠다.

28. 오래토록 용담에 대해 들어왔다(久響龍潭)

龍潭, 因德山請益抵夜. 潭云, 夜深, 子何不下去. 山遂珍重, 揭簾
而出, 見外面黑, 卻回云, 外面黑. 潭乃點紙燭度與, 山擬接, 潭便
吹滅. 山於此忽然有省, 便作禮. 潭云, 子見箇甚麼道理. 山云, 某
甲從今日去, 不疑天下老和尚舌頭也. 至明日, 龍潭陞堂云, 可中
有箇漢, 牙如劍樹, 口似血盆, 一棒打不回頭, 他時異日, 向孤峰
頂上, 立吾道在. 山遂取疏抄, 於法堂前, 將一炬火提起云, 窮諸
玄辨, 若一毫致於太虛, 竭世樞機, 似一滴投於巨壑. 將疏抄便燒,
於是禮辭.

　　용담 스님에게 덕산이 법문을 청하다가 밤이 깊었다.
　　용담이 말했다.
　　"밤이 깊었는데 그대는 어찌 내려가지 않는가?"
　　덕산이 드디어 인사를 하고 발을 걷고 나가는데 밖이 캄
캄한 것을 보고 도리어 돌아서며 말하길,
　　"밖이 캄캄합니다." 하니,
　　용담이 이에 종이 초에 불을 붙여 건네주었다. 덕산이 막
받으려 하는데, 용담이 갑자기 촛불을 훅 불어 꺼버렸다.
　　덕산이 여기에서 홀연히 깨달은 바가 있어 곧 절을 하였
다. 용담이 물었다.
　　"그대가 무슨 도리를 보았는가?"
　　덕산이 말했다.
　　저는 오늘부터는 천하 노화상들의 말씀을 의심하지 않겠
습니다."
　　다음 날 용담이 법당에 올라 말했다.

"이 가운데 한 사람이 있어, 어금니는 칼을 세워놓은 나무와 같고 입은 피를 가득 담은 쟁반과 같다. 한 방망이로 후려쳐도 뒤도 돌아보지 않는다. 이 자가 훗날 외로운 봉우리 정상에서 나의 도를 세워 나갈 것이다."

덕산은 드디어 (금강경)소초를 취해서 법당 앞에 놓고는 횃불을 치켜들고 말했다.

"모든 현묘한 도리를 궁구함이 허공에 털끝 하나를 놓는 것과 같고 세상의 온갖 요긴한 것들을 다 통달했다 하더라도 물 한 방울을 큰 골짜기에 던지는 것과 같다."

그리고는 곧 소초를 불태우고 하직 인사를 하였다.

無門曰: 德山未出關時, 心憤憤, 口悱悱, 得得來南方, 要滅卻教外別傳之旨. 及到澧州路上, 問婆子買點心. 婆云, 大德, 車子內是甚麼文字. 山云, 金剛經抄疏. 婆云, 只如經中道, 過去心不可得, 現在心不可得, 未來心不可得, 大德要點那箇心. 德山被者一問, 直得口似匾擔. 然雖如是, 未肯向婆子句下死卻. 遂問婆子, 近處有甚麼宗師. 婆云, 五里外有龍潭和尙. 及到龍潭, 納盡敗闕, 可謂是前言不應後語. 龍潭大似憐兒不覺醜, 見他有些子火種, 郞忙將惡水, 驀頭一澆澆殺, 冷地看來, 一場好笑.

무문이 평한다.

덕산이 아직 촉관(蜀關, 당시의 고향)을 나서기 전에는 마음이 분하여 말도 제대로 나오지 않았다. 그는 의기양양하게 남방에 가서 교외별전(敎外別傳)의 종지(宗旨)를 없애버리려고 하였다.

예주(澧州) 땅에 이르러 한 노파에게 점심을 사 먹을 수 있는지 물었다. 노파가 물었다.

"대덕의 걸망(수레) 속에 있는 것이 무슨 책입니까?"

덕산이 말했다.

"금강경 주석서(소초)요."

그러자 노파가 말했다.

"그 경(經) 가운데 과거의 마음도 얻을 수 없고, 현재의 마음도 얻을 수 없고, 미래의 마음도 얻을 수 없다고 하였는데, 대덕께서는 어느 마음에 점을 찍으려(點心) 하십니까?"

덕산은 이 한 물음을 당하여 곧 입이 납작해져 버렸다. 비록 그러하였지만 노파의 말 아래 완전히 기가 꺾여 죽지는 않았다. 그리하여 노파에게 물었다.

"이 근처에 어떤 종사가 계십니까?"

노파가 말했다.

"5리 밖에 용담 화상이 계십니다."

그리하여 용담에 도착했는데, (용담에게) 실패(敗闕)함을 납진했다(納盡, 인정해 바치다). 가히 앞에 한 말과 뒤에 한 말이 들어맞지 않는다 하겠다.

용담은 흡사 아이를 가련하게 여겨 추함을 깨닫지 못하는 것(부모)처럼, 덕산에게서 조그마한 불씨가 있는 것을 보고 황급히 구정물을 머리 위에 들이부어 적셔 꺼버렸으니, 냉정히 살펴보니 한바탕의 웃음거리다.

頌曰: 聞名不如見面, 見面不如聞名. 雖然救得鼻孔, 爭奈瞎卻眼睛.

송(頌)으로 이른다.

　　이름을 듣는 것이 얼굴을 보는 것만 같지 못하고, 얼굴을 보는 것이 이름을 듣는 것만 같지 못하다. 비록 콧구멍은 구해 얻었으나(숨은 터졌으나), 눈알이 멀었음을 어찌 하겠는가?

29. 바람도 아니고 깃발도 아니다(非風非幡)

六祖, 因風颺刹幡, 有二僧對論. 一云, 幡動. 一云, 風動. 往復曾 未契理, 祖云, 不是風動, 不是幡動. 仁者心動. 二僧悚然.

　　육조 스님은 바람에 찰간의 깃발이 날리는 것으로 인해 두 승이 논쟁하는 것을 보았는데, 한 승은 깃발이 움직인다 하고 또 한 승은 바람이 움직이는 것이라 하며 왕복하는데, 이치에 맞지가 않기에 이렇게 말하였다.
　　"바람이 움직이는 것도 아니요, 깃발이 움직이는 것도 아니다. 그대들의 마음이 움직이는 것이다."
　　두 승은 송구스러워 했다.

無門曰: 不是風動, 不是幡動, 不是心動, 甚處見祖師. 若向者裏 見得親切, 方知二僧買鐵得金, 祖師忍俊不禁, 一場漏逗.

무문이 평한다.

　　바람이 움직이는 것도 아니요, 깃발이 움직이는 것도 아니요, 마음이 움직이는 것도 아니니, 어느 곳에서 조사를 보겠는가?
　　만약 여기에서 친절히 보아 얻는다면 바야흐로 두 승이 쇳덩이를 산다는 것이 금덩이를 얻고, 조사는 참지를 못해 한 바탕 허물을 드러냈음을 알 것이다.

頌曰: 風幡心動, 一狀領過. 只知開口, 不覺話墮.

송(頌)으로 이른다.

　　바람과 깃발과 마음이 움직인다고 한 것은, 한 장의 종이에 허물이 거느려진다(똑같은 죄로 기록된다). 다만 입을 열 줄만 알았지 말에 떨어진 것은 깨닫지 못했다.

30. 이 마음이 곧 부처다(即心即佛)

馬祖, 因大梅問, 如何是佛. 祖云, 即心是佛.

> 마조 스님에게 대매가 물었다.
> "어떤 것이 부처입니까?"
> 마조가 말했다.
> "이 마음이 바로 부처다."

無門曰: 若能直下領略得去, 著佛衣, 喫佛飯, 說佛話, 行佛行, 即是佛也. 然雖如是, 大梅引多少人, 錯認定盤星. 爭知道說箇佛字, 三日漱口. 若是箇漢, 見說即心是佛, 掩耳便走.

무문이 평한다.

만약 능히 곧바로 알아 간다면, 부처의 옷을 입고, 부처의 밥을 먹고, 부처의 말을 하고, 부처의 행동을 해서 바로 그대로가 부처다.

비록 그렇다할지라도 대매는 많은 사람들로 하여금 정반성(저울대의 기본 눈금)을 잘못 읽게 하였다.

어찌 알겠는가? 부처라는 글자 하나를 말하기만 해도 3일이나 입을 씻었다는 것을! 만약 이와 같은 사람이라면 '이 마음이 바로 부처'란 말을 듣는다면 곧장 귀를 막고 달아날 것이다.

頌曰: 青天白日, 切忌尋覓. 更問如何, 抱贓叫屈.

송(頌)으로 이른다.

　　푸른 하늘 대낮에 간절히 찾음을 버릴지어다. 다시 어떠하냐고 묻는다면 장물을 안고서 죄가 없다 외치는 격이다.

31. 조주가 노파를 감정하다(趙州勘婆)

趙州, 因僧問婆子, 臺山路向甚處去. 婆云, 驀直去. 僧纔行三五步. 婆云, 好箇師僧, 又恁麼去. 後有僧舉似州. 州云, 待我去與爾勘過這婆子. 明日便去, 亦如是問, 婆亦如是答. 州歸謂衆曰, 臺山婆子, 我與爾勘破了也.

(조주 스님의 회상에서)
어떤 승이 노파에게 물었다.
"오대산은 어디로 가야합니까?"
노파가 말했다.
"곧장 가시오."
승이 겨우 삼 오 걸음을 걸어가자 노파가 말했다.
"좋은 스님이 또 저렇게 가는구먼!"
뒤에 한 승이 조주에게 이 사실을 이야기 하자 조주가 말했다.
"내가 가서 너희를 위해 그 노파를 감파하리라."
다음날 곧 가서 또한 앞서와 같이 물으니 노파도 앞서와 같이 대답하였다. 조주가 돌아와서 대중에게 말했다.
"내가 너희를 위하여 오대산 노파를 간파해 마쳤다."

無門曰: 婆子只解坐籌帷幄, 要且著賊不知, 趙州老人, 善用偸營劫塞之機, 又且無大人相. 撿點將來, 二俱有過. 且道, 那裏是趙州勘破婆子處.

무문이 평한다.

노파는 다만 장막 속에 앉아서 꾀할 줄만 알았지 (자기에게) 도적이 붙은 줄은 몰랐다. 조주 노인은 적 진영을 훔치고 요새를 겁탈하는 기술은 잘 쓰지만 또한 대인의 모습은 없다. 점검해 가져오매 두 사람 모두 허물이 있다.

자, 일러 보라. 어디가 조주가 노파를 간파한 곳인가?

頌曰: 問旣一般, 答亦相似. 飯裏有砂, 泥中有刺.

송(頌)으로 이른다.

물음이 이미 같으니 대답 또한 비슷하다. 밥 속에 모래가 있고 진흙 속에 가시가 있다.

32. 외도가 부처님께 묻다(外道問佛)

世尊, 因外道問, 不問有言, 不問無言. 世尊據座. 外道贊歎云, 世尊大慈大悲, 開我迷雲, 令我得入, 乃具禮而去. 阿難尋問佛, 外道有何所證, 贊歎而去. 世尊云, 如世良馬, 見鞭影而行.

세존에게 어떤 외도가 물었다.

"말 있음도 묻지 않고, 말 없음도 묻지 않겠습니다."

세존은 그냥 자리를 고쳐 앉으셨다.

외도가 찬탄하며 말했다. "세존께서는 대자대비 하셔서 제 흐리텅한 기운을 열어 저로 하여금 얻어 들어가게 해 주셨습니다." 하며 이에 예를 갖추고는 물러갔다.

아난이 곧 부처님께 물었다.

"외도가 무엇을 증득했기에 찬탄하고 물러갔습니까?"

세존께서 말씀하셨다.

"마치 세상에 좋은 말이 채찍 그림자만 보고도 달리는 것과 같다."

無門曰: 阿難乃佛弟子, 宛不如外道見解. 且道, 外道與佛弟子, 相去多少.

무문이 평한다.

아난은 이에 부처님의 제자인데도 완연히 외도의 견해만도 같지 못하다. 자, 일러보라. 외도와 불제자의 거리가 얼마나 되는가?

頌曰: 劍刃上行, 冰稜上走. 不涉階梯, 懸崖撒手.

송(頌)으로 이른다.

　　칼날 위를 걷고 얼음 모서리 위를 달린다. 계단과 사다리를 밟지 않고 절벽에서 손을 놓는 격이다.

33. 마음도 아니고 부처도 아니다(非心非佛)

馬祖, 因僧問, 如何是佛. 祖曰, 非心非佛.

　　마조 스님께 한 승이 물었다.
　　"무엇이 부처입니까?"
　　마조가 말했다.
　　"마음도 아니고 부처도 아니다."

無門曰: 若向者裏見得, 參學事畢.

무문이 평한다.

　　만약 여기에서 보아 얻는다면 참학사를 마치는 것이다.

頌曰: 路逢劍客須呈, 不遇詩人莫獻. 逢人且說三分, 未可全施一片.

송(頌)으로 이른다.

　　길에서 검객을 만나면 모름지기 (칼을) 바치고 시인이 아니거든 시를 말하지 말라. 사람을 만나더라도 또한 삼분(삼분의 일)쯤을 말해야지 가히 일편을 모두 전시해서는 안 된다.

34. 지혜는 도가 아니다(智不是道)

南泉云, 心不是佛, 智不是道.

　　남전 스님이 말했다.
　　"마음은 부처가 아니고, 지혜는 도가 아니다."

無門曰: 南泉可謂, 老不識羞. 纔開臭口, 家醜外揚. 然雖如是, 知恩者少.

무문이 평한다.

　　남전은 가히 말하자면 늙어도 부끄러운 줄을 모른다 하겠다. 냄새나는 입을 열어 집안의 추한 꼴을 밖으로 드러내 버렸다. 비록 그렇다할지라도 그 은혜를 아는 자가 적다.

頌曰: 天晴日頭出, 雨下地上濕. 盡情都說了, 只恐信不及.

송(頌)으로 이른다.

　　하늘이 맑으니 해가 머리 위에 나고, 비가 내리니 땅 위가 젖는다.
　　있는 정을 다해 모두 설해 마쳤으나, 다만 믿어 미치지 못할까 두렵다.

35. 천녀의 혼이 나가다(倩女離魂)

五祖問僧云, 倩女離魂, 那箇是真底.

오조법연(五祖法演) 스님이 한 승에게 물었다.
"천녀의 혼이 나갔다는데 누가 진짜 천녀인가?"

無門曰: 若向者裏悟得真底, 便知出殼入殼, 如宿旅舍. 其或未然, 切莫亂走. 驀然地水火風一散, 如落湯螃蟹, 七手八腳. 那時莫言不道.

무문이 평한다.

만약 여기에서 진짜를 깨달아 얻으면 곧 (오온의) 껍데기에서 나와 껍데기로 들어가는 것이 마치 여관에 묵는 것과 같음을 알 것이다. 그것이 혹 그렇지 않더라도 간절히 어지럽게 달아나지를 말 것이다(분별망상을 일으키지 말 것이다). 홀연히 地·水·火·風이 한번 흩어지면 마치 끓는 물에 떨어진 게처럼 팔 다리를 버둥거리게 될 것이니 그때 가서 말해주지 않았다고 하지 말라.

頌曰: 雲月是同, 溪山各異. 萬福萬福, 是一是二.

송(頌)으로 이른다.

구름과 달은 동일한데 계곡과 산은 각각 다르다. 만 가지로 복되고 만 가지로 복되다. 이것이 하나인가, 둘인가?

* 천녀(倩女): 당대(唐代)의 전기(傳奇: 기이한 이야기를 전해준다는 뜻) 「이혼기(離婚記)」에 있는 얘기를 끌어와 화두로 삼고 있다.

중국 형양(衡陽) 땅에 장감(張鑑)이라는 사람이 살고 있었는데, 그에게는 천낭(倩娘)이라는 예쁜 딸이 하나 있었다. 장감은 농담으로 가끔 외조카인 왕주에게 천녀를 데려가라는 말을 했다. 그런데 그 지방의 고관이 그녀의 미모에 반해 혼인을 요청하자 장감은 이전의 약속을 잊고 그에게 천낭을 시집보내려 하였다. 서로 연모하던 왕주와 천낭은 상심하였고, 왕주는 천낭을 잊기 위해 그곳을 떠나려 하는데 천낭이 그곳에 나타나서 둘은 함께 머나먼 촉(蜀)나라로 도피하여 5년을 애기도 낳으며 재미나게 살았다. 그런 세월 중 어느 날부터 천낭이 시름시름 앓기 시작했는데, 그들은 부모 마음을 아프게 한 과보로 병이 되었다고 생각하여 부모님께 정식으로 결혼 승낙을 얻으려고 고향으로 향했다.

고향집 근처 나루에 도착한 왕주는 천낭을 배에 남겨두고 장감에게 가서 그동안의 사정을 이야기하였다. 그러자 장감은 놀라며 천낭은 규방(양반집 규수들의 생활 공간, 부녀자가 거처하는 방)에서 오랫동안 앓아누워 있는데 무슨 소리냐는 것이었다. 집안 식구들이 모두 규방으로 달려가 자초지종을 전하는 사이 천낭은 생기를 되찾고 있었다. 장감은 배로 사람을 보내어 또다른 천낭을 집으로 데려오게 하였다.

수레를 타고 온 천낭과 규방에서 걸어 나온 천낭이 마당에서 마주치는 순간, 둘은 하나로 합쳐지는 것이었다. 장감이 천낭에게 이것이 도대체 어떻게 된 것이냐고 물으니, 천낭은 "서방님을 차마 혼자 떠나보낼 수가 없어서 그때 제 혼이 서방님을 따라서 배에 올랐던 것 같습니다." 라고 말하였다. 장감과 그의 식구들은 그제야 규방의 천낭이 시름시름 앓으며 정신없는 사람처럼 과거 5년을 지낸 것이 천낭의 혼이 왕주를 따라 갔었기 때문에 일어난 일임을 알았다.

36. 길에서 도인을 만나다(路逢達道)

五祖曰, 路逢達道人, 不將語默對. 且道, 將甚麼對.

　오조법연 스님이 말했다.
　"길에서 달도인을 만나거든 말이나 침묵으로 대하지 말아라. 자, 일러 보라. 무엇으로 대할 것인가?"

無門曰: 若向者裏, 對得親切, 不妨慶快. 其或未然, 也須一切處著眼.

무문이 평한다.

　만약 여기에서 대(對)하여 얻음이 친절하면 경쾌함을 방해치 않거니와 그 혹 그렇지 않다면 또한 모름지기 일체처에서 착안하라.

頌曰: 路逢達道人, 不將語默對. 攔腮劈面拳, 直下會便會.

송(頌)으로 이른다.

　길에서 달도인을 만나거든 말이나 침묵으로 대하지 말아라. 마구잡이로 뺨을 갈기고 얼굴을 내지르매 직하에 알아야 곧 아는 것이다.

37. 뜰 앞의 잣나무(庭前柏樹)

趙州, 因僧問, 如何是祖師西來意, 州云, 庭前柏樹子.

조주 스님에게 한 승이 물었다.
"무엇이 조사가 서쪽에서 오신 뜻입니까?"
조주가 말했다.
"뜰 앞의 잣나무니라."

無門曰: 若向趙州答處, 見得親切, 前無釋迦, 後無彌勒.

무문이 평한다.

만약 조주의 답처를 향해 보아 얻음이 친절(하나가 되면)하면 앞에는 석가가 없고 뒤로는 미륵이 없을 것이다.

頌曰: 言無展事, 語不投機. 承言者喪, 滯句者迷.

송(頌)으로 이른다.

말은 일을 펼 수가 없고, 말은 기틀에 투합 되지 않는다. 말을 승인하는 사람은 참뜻을 잃고, 글귀에 빠져있는 사람은 미혹하다.

38. 소가 창살을 지나다(牛過窓櫺)

五祖曰, 譬如水牯牛過窗櫺, 頭角四蹄都過了, 因甚麽尾巴過不得.

오조(五祖)법연 스님이 말했다.

"(깨달음이란) 비유컨대 물소가 창살 있는 창문을 통해 지나갈 때에 머리, 뿔, 네 다리는 모두 통해 지나갔는데 (꼬리는 창문을 통해 지나가지 못한 것과 같다), 어째서 꼬리는 (창문을 통해) 지나가지 못했는가?"

無門曰: 若向者裏, 顛倒著得一隻眼, 下得一轉語, 可以上報四恩, 下資三有. 其或未然, 更須照顧尾巴始得.

무문이 평한다.

만약 여기에서 뒤쳐서 일척안을 얻어 한마디 할 수 있다면, 가히 위로는 네 가지 은혜(四恩)에 보답하고 아래로는 삼계(三界)의 중생을 돕게 되리라. 혹 그렇지 않다면 다시 모름지기 꼬리를 잘 살펴보아야 비로소 얻을 것이다.

頌曰: 過去墮坑塹, 回來卻被壞. 者些尾巴子, 直是甚奇怪.

송(頌)으로 이른다.

통해 지나가면 구덩이에 떨어지고 되돌아가면 도리어 부서짐을 입는다.

이 작은 꼬리란 것이 곧 심히 기괴하구나.

39. 운문의 말에 떨어지다(雲門話墮)

雲門, 因僧問, 光明寂照遍河沙~~. 一句未絕, 門遽曰, 豈不是張
拙秀才語. 僧云, 是. 門云, 話墮也. 後來死心, 拈云, 且道, 那裏
是者僧話墮處.

　　운문 스님에게 한 승이 물었다.
　　"밝은 빛이 고요히 온 세상을 비추니..."
　　한 구절이 끝나기도 전에 운문이 갑자기 말했다.
　　"그것은 장졸 수재(張拙 秀才)의 말이 아닌가?"
　　승이 말했다.
　　"그렇습니다."
　　운문이 말했다.
　　"말에 떨어졌구나!"
　　후에 사심(死心) 선사가 이를 들어 말했다.
　　"자, 일러보라. 어디가 이 승이 말에 떨어진 곳인가?"

無門曰: 若向者裏, 見得雲門用處孤危, 者僧因甚話墮, 堪與人
天為師. 若也未明, 自救不了.

무문이 평한다.

　　만약 여기에서 운문의 용처가 고위(孤危)한 것과 저 승이
어째서 말에 떨어졌는지를 보아 얻는다면 인천을 더불어 스
승 됨을 감당할 것이고, 만약 아직 분명하지 않다면 자신조차
도 구제하지 못할 것이다.

頌曰: 急流垂釣, 貪餌者著. 口縫纔開, 性命喪卻.

송(頌)으로 이른다.

　　급한 물결에 낚시를 드리우니 미끼를 탐하는 자가 걸려든다. 입을 겨우 열기만 해도 목숨을 잃어버린다.

*　　장졸 수재(張拙 秀才)의 게송.

"光明寂照遍河沙, 凡聖含靈共我家. 一念不生全體現, 六根纔動被雲遮. 斷除煩惱重增病, 趣向眞如亦是邪. 隨順世緣無罣礙, 涅槃生死是空華."

　　"밝은 빛이 고요히 온 세상을 비추니, 범성과 함령이 모두 나의 가족이다. 일념이 불생 하니 전체가 드러나고, 육근이 조금만 움직여도 구름에 가린다. 번뇌를 끊으려 하면 거듭 병이 더하고, 진여를 향해 나아감도 또한 삿된 것이다. 세연에 수순하여 장애 둠이 없으면, 열반 생사가 허공의 꽃이다."

40. 물병을 걷어차다(趯倒淨瓶)

潙山和尚, 始在百丈會中充典座, 百丈, 將選大潙主人, 乃請同首
座對衆下語, 出格者可往. 百丈遂拈淨瓶, 置地上設問云, 不得喚
作淨瓶, 汝喚作甚麼. 首座乃云, 不可喚作木(木+突)也. 百丈卻問
於山. 山乃趯倒淨瓶而去. 百丈笑云, 第一座輸卻山子也. 因命之
爲開山.

위산 화상은 처음에 백장의 회상에서 <u>전좌(典座)</u>를 충당
하고 있었는데, 백장이 장차 대위산(大潙山)의 주인을 선발하
려고 할 적에 이에 수좌(首座)와 함께 대중들 앞에서 말하게
하여 출격자(出格者)를 보내기로 하였다.

백장이 드디어 물병(淨瓶)을 잡아다 땅위에 놓고는 물었
다.

"물병이라고 불러서는 안 되니 자네는 무엇이라 부를 텐
가?"

수좌가 이에 말했다.

"나막신이라고 부를 수는 없지 않겠습니까!"

백장이 이번에는 위산에게 물었다. 위산이 이에 물병을
걷어차고 가 버렸다. 백장은 웃으며 말했다.

"제1좌가 산자(山子, 위산)에게 졌구나."

그리하여 (위산에게) 가도록 명하여 개산(開山)을 삼았다.

無門曰: 潙山一期之勇, 爭奈跳百丈圈圃不出. 檢點將來, 便重不
便輕. 何故. 聻, 脫得盤頭, 擔起鐵枷.

무문이 평한다.

　　위산의 한바탕 용기도 마침내 백장의 함정을 뛰쳐 벗어
나지 못함을 어찌하겠는가? 점검해 보니 무거운 것을 편히
여기고 가벼운 것을 편히 여기지 않았다. 무슨 까닭인가? 니
(聻)~, 공양주(盤頭, 飯頭)를 그만두고 쇠칼을 걸머졌으니!

頌曰: 颺下笊籬幷木杓, 當陽一突絕周遮. 百丈重關攔不住, 腳尖
趯出佛如麻.

송(頌)으로 이른다.

　　조리와 아울러 나무국자를 내던지고 당당히 한번 부딪혀
여러 장애물을 끊어버렸다. 백장의 중첩 관문도 막아 머물게
하지 못하니, 발끝에서 튀어나오는 부처가 삼대같이 많았다.

* 　전좌(典座): 선원에서 식사를 관장하는 직책.

* 　반두 = 두건(盤頭 = 頭巾): 공양간에서 두건을 쓰고 일
하는 모습에서, '두건을 벗어놓고' 라고도 해석됨. 반두(飯頭)
라는 음사(音寫)로 여기서는 공양주라 번역함.

41. 달마의 안심법문(達磨安心)

達磨面壁, 二祖立雪斷臂云, 弟子心未安, 乞師安心. 磨云, 將心來, 與汝安. 祖云, 覓心了不可得. 磨云, 為汝安心竟.

　　달마 대사가 (소림굴에서) 면벽을 하는데, 이조(二祖)가 눈에 서서 팔을 끊고 말했다.
　　"제자의 마음이 편치가 않으니 스님께서 안심(安心)을 시켜주소서."
　　달마가 말했다.
　　"마음을 가지고 오면, 너를 위해 편안하게 해 주리라."
　　이조가 말했다.
　　"마음을 찾아보아도 가히 얻지 못하겠습니다."
　　달마가 말했다.
　　"너의 마음을 편안케 해 마쳤다."

無門曰: 缺齒老胡, 十萬里航海特特而來, 可謂是無風起浪. 末後接得一箇門人, 又卻六根不具. 咦, 謝三郎, 不識四字.

　　무문이 평한다.

　　이빨 빠진 늙은 오랑캐가 십만 리 뱃길을 일부러 왔으니 가히 이것은 바람도 없는데 파랑을 일으킨 것이다. 뒤에 가서 한 문인을 접해 얻었으나 또한 도리어 육근을 갖추지 못하였다. 이(咦)~, 사삼랑은 넉자 글도 모른다.

頌曰: 西來直指, 事因囑起. 撓聒叢林, 元來是爾.

송(頌)으로 이른다.

　　서쪽에서 와서 곧바로 가리키니, 이 일은 (스승인 반야다라의) 부촉함으로 인해 일어났네. 총림(叢林)을 어지럽고 시끄럽게 만들었으니 원래 바로 너(달마)로구나.

*　　이(咦): 크게 부르다, 웃다, 놀람 등의 감탄사(네?, 아!, 어?).

*　　사삼랑 불식사자(謝三郎 不識四字): '사삼랑이 동전의 네 글자도 모른다'는 일자무식을 표현한 중국속담(낫 놓고 ㄱ자도 모른다).

42. 여자가 선정에서 나오다(女子出定)

世尊, 昔因文殊至諸佛集處, 値諸佛各還本處, 惟有一女人, 近彼佛坐, 入於三昧. 文殊乃白佛, 云何女人得近佛坐, 而我不得. 佛告文殊, 汝但覺此女, 令從三昧起, 汝自問之. 文殊遶女人三匝, 鳴指一下, 乃托至梵天, 盡其神力, 而不能出. 世尊云, 假使百千文殊, 亦出此女人定不得. 下方過一十二億河沙國土, 有罔明菩薩, 能出此女人定. 須臾罔明大士, 從地湧出, 禮拜世尊. 世尊敕罔明, 卻至女人前, 鳴指一下, 女人於是從定而出.

　세존(께 있었던 일이다),

　예전에 문수가 제불이 모여 있던 곳에 이르자 제불이 각각 본처에 돌아가는 것을 만나매, 오직 한 여인만이 저 부처님 가까이에 앉아서 삼매에 들어 있었다.

　문수가 이에 부처님께 여쭈었다.

　"어째서 여인은 부처님 가까이 앉을 수가 있는데, 저는 그러지 못합니까?"

　부처님께서 문수에게 말씀하셨다.

　"네가 다만 그 여인을 깨워 삼매로부터 일어나게 해서 네가 스스로 물어 보아라."

　문수가 여인 주위를 세 번 돌고, 손가락을 한 번 튕겨 범천에까지 추어 올리며 그 신통력을 다 하였으나 삼매에서 나오게 할 수 없었다.

　세존께서 말씀하셨다.

　"가령 백, 천의 문수라 해도 또한 이 여인을 선정에서 나오게 하지 못할 것이다. 아래쪽으로 십이억 항하사 국토를 지

94

나면 망명 보살이 있으니 그가 능히 이 여인을 선정에서 나오게 할 수 있을 것이다."

(말이 끝나자마자) 잠깐 동안에 망명보살이 땅에서 솟아올라 세존께 예배를 드리매, 세존이 망명을 시켜 여인 앞에 가서 손가락을 한 번 튕기게 하니 여인이 그때 선정으로부터 나왔다.

無門曰: 釋迦老子, 做者一場雜劇, 不通小小. 且道, 文殊是七佛之師, 因甚出女人定不得, 岡明初地菩薩, 為甚卻出得. 若向者裏, 見得親切, 業識忙忙, 那伽大定.

무문이 평한다.

석가 늙은이가 이 한 바탕 촌극을 꾸몄으나 (이 촌극은) 통하지도 못하고, 사소한 것이 되어버렸다. 자, 일러 보라. 문수는 일곱 부처의 스승인데 어째서 여인을 선정에서 나오게 하지 못하였으며, 망명은 초지보살인데 어째서 도리어 나오게 할 수 있었는가? 만약 여기에서 보아 얻음이 친절하다면 업식이 망망한 그대로가 <u>나가대정(那伽大定)</u>이 될 것이다.

頌曰: 出得出不得, 渠儂得自由. 神頭幷鬼面, 敗闕當風流.

송(頌)으로 이른다.

나오든 나오지 못하든 그도 나도 자유롭다. 신의 머리와 도깨비 얼굴의 탈, 허물 그대로가 풍류로다.

* 나가대정(那伽大定): Naga = 용(龍) = 불(佛). 나가대정(那伽大定) = 대룡삼매(大龍三昧) = 부처님의 대삼매.

43. 수산의 죽비(首山竹篦)

首山和尚, 拈竹篦示衆云, 汝等諸人, 若喚作竹篦則觸, 不喚作竹篦則背. 汝諸人, 且道. 喚作甚麼.

수산 화상이 죽비를 들어 대중에게 보이며 말했다.
"너희들이 만약 죽비라고 부른다면 곧 부딪치고, 죽비라고 부르지 않는다면 곧 배반된다. 너희들은 자, 일러 보라. 무엇이라 부르겠느냐?"

無門曰: 喚作竹篦則觸, 不喚作竹篦則背, 不得有語, 不得無語. 速道, 速道.

무문이 평한다.

죽비라고 부르면 곧 부딪치고 죽비라고 부르지 않으면 곧 배반되니, 말이 있을 수도 없고 말이 없을 수도 없다. 속히 일러 보라, 속히 일러 보라.

頌曰: 拈起竹篦, 行殺活令. 背觸交馳, 佛祖乞命.

송(頌)으로 이른다.

죽비를 들어 올려 죽이고 살리는 명령을 행한다. 배반과 부딪침이 번갈아 달리니(交馳) 불조도 목숨을 구걸한다.

44. 파초의 주장자(芭蕉拄杖)

芭蕉和尚, 示衆云, 爾有拄杖子, 我與爾拄杖子, 爾無拄杖子, 我奪爾拄杖子.

　　파초 화상이 대중들에게 보이며 말씀하였다.
　　"너에게 주장자가 있으면 내가 너에게 주장자를 줄 것이고, 너에게 주장자가 없으면 내가 너에게서 주장자를 빼앗을 것이다."

無門曰: 扶過斷橋水, 伴歸無月村, 若喚作拄杖, 入地獄如箭.

무문이 평한다.

　　다리가 끊어진 물을 (주장자에) 의지하여 건너고, 달 없는 마을에 (주장자를) 벗 삼아 돌아온다. 만약 이것을 주장자라고 부른다면 지옥에 들어감이 쏜 화살 같으리라.

頌曰: 諸方深與淺, 都在掌握中. 撑天并拄地, 隨處振宗風.

송(頌)으로 이른다.

　　제방(諸方)의 깊고 얕음이 모두 이 손아귀에 있다.
　　하늘을 받치고 땅을 지탱하니, 이르는 곳마다 종풍(宗風)을 떨친다.

45. 그는 누구인가(他是阿誰)

東山演師祖曰, 釋迦彌勒, 猶是他奴. 且道, 他是阿誰.

　　동산법연(東山法演) 사조(師祖, 존칭)가 말했다.

　　"석가와 미륵도 오히려 그의 종이다. 자, 일러 보라. 그는 누구인가?"

無門曰: 若也見得他分曉, 譬如十字街頭, 撞見親爺相似, 更不須問別人, 道是與不是.

무문이 평한다.

　　만약 그를 분명히 보아 얻는다면, 비유컨대 네거리에서 친아버지를 마주쳐 보는 것과 같아서, 다시 모름지기 다른 사람에게 옳고 그름을 말해 물어볼 필요가 없다.

頌曰: 他弓莫挽, 他馬莫騎. 他非莫辨, 他事莫知.

송(頌)으로 이른다.

　　다른 이의 활을 당기지 말고 다른 이의 말을 타지 말아라. 다른 이의 잘못을 말하지 말고 다른 이의 일을 알려고 하지 말아라.

46. 백척간두 진일보(竿頭進步)

石霜和尚云, 百尺竿頭, 如何進步. 又古德云, 百尺竿頭坐底人, 雖然得入未為真. 百尺竿頭須進步, 十方世界現全身.

　　석상 화상이 말했다.
　　"백 척 장대 끝에서 어떻게 나아갈 것인가?"
　　또한 고덕이 말했다.
　　"백 척 장대 끝에 앉아 있는 사람은 비록 (도를) 얻어 들었다 해도 아직은 참되지 않다. 백 척 장대 끝에서 모름지기 나아가야 시방세계가 온 몸을 나툴 것이다."

無門曰: 進得步, 翻得身, 更嫌何處不稱尊. 然雖如是, 且道, 百尺竿頭如何進步. 嘎.

무문이 평한다.

　　나아가 걷고 뒤집어 몸을 얻으니, 곧 어디서나 존귀하다고 칭하지 않음이(을) 없을(꺼릴) 것이다. 비록 그렇다 하더라도 자, 일러 보라! 백 척 장대 끝에서 어떻게 나아갈 것인가? 애(嘎)~.

頌曰: 瞎卻頂門眼, 錯認定盤星. 拚身能捨命, 一盲引衆盲.

송(頌)으로 이른다.

정문(頂門)의 눈이 멀어 저울 눈금을 잘못 알면, 몸을 버리고 능히 목숨을 던져도 한 장님이 뭇 장님을 이끄는 것이다.

* 애(嘎): 목이 잠기다, 목이 쉬다(목 잠긴 소리).

47. 도솔의 세 관문(兜率三關)

兜率悅和尚, 設三關問學者. 撥草參玄, 只圖見性, 即今上人性在甚處. 識得自性, 方脫生死, 眼光落時, 作麼生脫. 脫得生死, 便知去處, 四大分離, 向甚處去.

　　도솔종열(兜率從悅) 화상은 세 가지 관문을 만들어 배우는 사람들에게 물었다.
　　"(무명의 거친) 풀을 헤치고 (불조의) 현풍(玄風)을 참문함은 다만 견성을 도모하기 위함인데 지금 그대의 성품은 어느 곳에 있는가?
　　스스로의 성품을 알면 바야흐로 생사를 벗어나는데, 눈빛이 땅에 떨어질 때 어떻게 벗어날 것인가?
　　생사의 벗어남을 얻었다면 곧 가는 곳을 알 것인데 사대가 나뉘어 흩어질 때 어디로 가는가?"

無門曰: 若能下得此三轉語, 便可以隨處作主, 遇緣即宗. 其或未然, 麤餐易飽, 細嚼難飢.

무문이 평한다.

　　만약 이(삼관)에 삼전어를 내려 얻으면 곧 가히 수처작주하며 인연을 만나매 곧 종지에 계합할 것이다. 만약 그렇지 않다면, 거칠게(경솔히) 먹으면 배부름은 쉽겠지만 세세히 씹어야만 허기짐을 막으리라!

頌曰: 一念普觀無量劫, 無量劫事即如今. 如今覷破箇一念, 覷破
如今覷底人.

송(頌)으로 이른다.

　　일념으로 널리 무량겁을 보나니 무량겁의 일이 바로 지
금이다. 지금 이 일념을 간파하면 지금 보고 있는 사람을 간
파한다.

48. 건봉의 열반으로 가는 한 길(乾峰一路)

乾峰和尙, 因僧問, 十方薄伽梵, 一路涅槃門, 未審路頭在甚麼處.
峰拈起拄杖, 劃一劃云, 在者裏. 後僧請益雲門, 門拈起扇子云,
扇子(足+孛)跳, 上三十三天, 築著帝釋鼻孔, 東海鯉魚, 打一棒,
雨似盆傾.

건봉 화상에게 한 승이 물었다.

"시방의 모든 박가범(薄伽梵)이 한 길(똑같은 하나의 길)
로 열반문에 들었다 하니, 미심쩍습니다. 그 길이 어느 곳에
있습니까?"

건봉이 주장자를 집어 들어 허공에 한 획을 긋고 말했다.

"여기에 있다!"

뒤에 그 스님이 운문에게 다시 가르침을 청하니, 운문이
부채를 집어 들고 말했다.

"이 부채가 뛰어 33천에 올라 제석천의 콧구멍을 치고,
동해 잉어를 한 방망이 때리니 비가 물동이를 기울인 것처럼
쏟아진다."

無門曰: 一人向深深海底行, 簸土揚塵, 一人於高高山頂立, 白浪
滔天. 把定放行, 各出一隻手, 扶竪宗乘. 大似兩箇馳子相撞著,
世上應無直底人, 正眼觀來, 二大老總未識路頭在.

무문이 평한다.

한 사람은 깊고 깊은 바다 속으로 가서 흙을 까불러 먼지를 일으켰고, 또 한 사람은 높고 높은 산 정상에 서서 흰파도가 하늘에 넘쳐흐르게 했다. 파정(쥐고)과 방행(놓고)으로 각각 한손을 내밀어 종승(宗乘)을 붙들어 세웠다. 마치 양쪽에서 달리던 두 사람이 서로 맞부딪친 것과 같다. 세상에는 마땅히 진리를 투철한 사람이 없다. 바른 눈으로 보자니, 이 두 대단한 노인네들이 모두 아직 그 길이 어디에 있는지를 알지 못한다.

頌曰: 未舉步時先已到, 未動舌時先說了. 直饒著著在機先, 更須知有向上竅.

송(頌)으로 이른다.

아직 걸음을 떼지도 않았는데 이미 도착해 버렸고, 아직 혀도 움직이지 않았는데 이미 말해 마쳤다. 비록 한 수 한 수 기선을 제압했다 해도 다시 모름지기 향상일규(向上一竅, 위로 향한 한 구멍)가 있음을 알아야한다.

* 박가범(薄伽梵): 세존이라 번역됨. 여래 십호(十號)중 하나.

만공 선사 법훈(滿空禪師法訓) · 무문관(無門關)

인쇄일	초판 2020년 11월 10일/2쇄 2020년 12월 04일
	3쇄 2021년 02월 15일/4쇄 2022년 11월 15일
발행일	초판 2020년 11월 20일/ 개정판21년 02월 15일
감수/발행	무초
발행처	도서출판 지장원(JiJangWon)
	강원도 강릉시 연곡면 수터골길 171
등록번호	420-2021-000001
등록일자	2021년 01월 06일
전화(지장원)	010-5855-5009
전자우편	tothezen@gmail.com
정가	10,000원
ISBN	979-11-973493-0-0

* 영문본(English version)의 같은 책이 있습니다.
『Seon Master Man Gong's Dharma Talks / The Gateless Gate』 ----------------------------- Publisher JiJangWon